难忘那片土地

——尽美故里行

李霞　李小怡　李晓　著

中国言实出版社

图书在版编目（CIP）数据

难忘那片土地：尽美故里行 / 李霞，李小怡，李晓
著. -- 北京：中国言实出版社，2022.2
　ISBN 978-7-5171-4054-2

　Ⅰ . ①难⋯ Ⅱ . ①李⋯ ②李⋯ ③李⋯ Ⅲ . ①王尽美
（1898-1925）—传记 Ⅳ . ①K827=6

中国版本图书馆 CIP 数据核字（2022）第 028014 号

难忘那片土地：尽美故里行

责任编辑：王建玲
责任校对：史会美

出版发行：中国言实出版社
　　地　　址：北京市朝阳区北苑路180号加利大厦5号楼105室
　　邮　　编：100101
　　编辑部：北京市海淀区花园路6号院B座6层
　　邮　　编：100088
　　电　　话：010-64924853（总编室）　010-64924716（发行部）
　　网　　址：www.zgyscbs.cn　电子邮箱：zgyscbs@263.net

经　　销：新华书店
印　　刷：济南麦奇印务有限公司
版　　次：2022年8月第1版　　2022年8月第1次印刷
规　　格：710毫米×1000毫米　1/16　13.25印张
字　　数：180千字

定　　价：78.00元
书　　号：ISBN 978-7-5171-4054-2

本书编委会

主　　　编：李增坡

执行主编：李　晓

副　主　编：陈志伟　姜立刚　季彩凤

特邀编审：刘　云　孙培连　刘培泉　许崇善

　　　　　管　慧　郑桂臻

顾　　　问：李海涛　乔云峰　黄　鑫

摄　　　影：张　兵

前 言

采访始于2018年8月22日。

晨曦中，我们驱车驶向诸城的西南方，过了墙夼水库进入莒北。

此后，近半年的时间里，我们利用双休日，早出晚归，栉风沐雨，去深入那片土地、那些人家。虽然历史的烟云已去，但通过那些八九十岁老人的回忆，依然能唤起它的百年记忆。其间的行程上万公里，走过几十个村落，采访上百人次，光是九十岁以上的老人就有十多位。

我们所走过的村落，无论是五莲的高泽、于里、中至、汪湖，还是诸城的枳沟、贾悦，莒县的东莞、棋山等地，都与一个人有关，他就是"党史开先卷""初心使命贯长虹"的王尽美。他出生时，这些地方曾经属于莒州的北部，因此，我们称其为莒北。这里有他的祖籍故里、亲戚朋友、青春梦想。我们来此，就是寻访他人生的足迹。

2018年的年末，采访接近尾声。

本书便是采访所结出的果实，内容分为采访、随笔、遗物三部分，涉及王尽美的史料与物品，与他有关联的人物的行迹，更有我们对这片土地百年过往的体味与思索。

采访的过程，便是与那些散发光泽的人和事的触遇、交集。不管已过去了多少年，或者说我们对遥远的彼时多么模糊不清，只要根脉在，就会无往不达这历史的通道。

张兵（左）、李晓（中）、李霞（右）

光辉历史，永远是明镜，是灯火，在继往开来的同时，永葆明灿，照亮这片土地。

故以此书，致敬一代先烈王尽美，致敬踏着王尽美足迹继续前行的一代代奋斗者，致敬生活在这片土地上坚韧善良的父老乡亲。

目录

❋ 采访 ❋

002　祖籍后张仙村

008　庙后村的李五妹

013　相识辉沟子

016　父子两代人的老师

022　寻找见山堂的塾师

029　渊　源

036　原点，起点

042　走进张仙王氏家族

050　差点错过颂德碑

054　一封让人遗憾的信

057　"革命党"王新甫

063　重走采访路

074　杨家洼的郑明淑

080　寻找年轻照

087　访寻洋教堂

091　一个平凡而伟大的乡村女人

098　红色小镇

* **随笔** *

104　聚仙山上的娘娘庙

108　赵家老宅

110　去济南

115　在王尽美故居

119　乡　情

123　集

126　族　谱

131　柴麓崮记

136　传承意义之所在

141　一切都没走远

146　野菊花

153　村　庄

157　照　片

169　尾　声

❋ **遗物** ❋

176　砚　台

178　郑明淑年轻照

179　志心斗

182　太师椅

183　一本中医处方集

184　张玉生手迹

❋ **附录** ❋

190　回忆敬爱的母亲

192　王尽美外婆家纪事

195　王尽美的表姐郑明淑

198　与王尽美家二三事及曾祖以后家族

　　　成员介绍

采访

祖籍后张仙村

2018年8月22日，我们开始了对王尽美的探访。

之所以说探访，是因为这不是一般的采访，面临很大困难，需要我们付出非同一般的努力。早在20世纪八九十年代，党史部门的专家学者，以及王尽美的亲属友好，就早已对王尽美的史料、物品开展了全面挖掘与整理。那时，许多当事人尚在，许多事情利于回忆、取证，能挖掘的基本都挖掘了，没能挖掘的也都像淹没在墙夼库区六百五十六平方千米水面之下的村落遗址一样，很难再见天日了。如今，王尽美去世已近百年，与其有关联之人多已作古。面对如烟往事，我们再去寻找，如同大海捞针。

尽管如此，我们对于此次探访还是充满信心。王尽美去济南求学时，已经二十岁了，但他每年都要回乡，生命的大部分时光是在家乡度过的，家乡留有他更多的足迹。

时过境迁，史料与物品的搜集只有从与他有过交集的亲戚、同事、朋友的后人那里去寻找。我们要像走亲访友那样进村入户，与乡民们亲切攀谈、问询，从细微之处着眼，从蛛丝马迹中探寻，以取得一些意外收获。

第一站的探访，是他的祖籍后张仙村。

后张仙村属于五莲县高泽镇，在大北杏村西南方向，坐落于墙夼水库的西岸，多是丘陵地形，村落不大，也就120多户人家。据考证，从宋代时，就有夏、耿两姓在此居住。到了明洪武二年（1369年），王尽美的始迁祖王良臣从江苏海州当路村迁徙至张遄村。后来，他的一部分后人迁住村后，自成村落，取名后张仙。

乘着六点的晨曦，我们驱车向后张仙村出发。

此访，主要考证三件事：

一是王尽美家从后张仙搬迁至大北杏村的具体原因。

关于王尽美家搬迁至大北杏村的具体原因，《王尽美传》（1998年红旗出版社出版）提的很笼统：王尽美祖父祖母那一代，为生计投奔亲友来到大北杏村。"生计"词义广泛，避难、逃荒、谋生、投亲、靠友等都属于生计范畴，书中没有说明具体原因。

二是了解王尽美在祖籍的有关活动。

王尽美家虽然很早就搬离了后张仙村，但一直与老家保持着密切联系。搬迁至大北杏村后不久，他爷爷王兴业就病故了。在王尽美出生前四个月，他的父亲王五也在为地主家贩运粮食的途中不幸身亡，家中只有奶奶董氏与母亲刘氏两个寡妇相依为命。在这般艰难境况下，老家的亲戚们给予了他家很大的帮助与关照。无论王尽美当陪读，还是上学、成家，都得到了他们的资助。对此，王尽美家感恩在心，每年都要去看望他们。

王尽美之所以给次子起名王乃恩，就有表达感恩之意。据说，王尽美还带领祖籍的穷亲戚们进行过革命活动。这些，在现有的王尽美史料中并没有详细记载。

三是寻找一封信。

王尽美参加完中共一大后，曾写过一首《肇在造化——赠友人》的励志诗，这首诗写在他给友人的一封信中。据考证，这位友人就是他祖籍的一位族兄。新中国成立之初，在搜集王尽美史料的时候，当地党史部门（那时大北杏村还属于五莲县）还了解过这封信，只是没有对这封信进行收藏，20世纪90年代，当诸城有关部门再去寻找这封信时，已经没有了下落。

我们驶过墙夼水库北岸的拦河闸，过了白马山，进入五莲地界后，沿着睢阳公路南行不远，就望见了七宝山。

五莲县七宝山

七宝山在高泽镇窑头村东，面积2平方公里，海拔277.6米。《山东通志》记载："山有金、银、铜、铁、锡、铅、土，故名七宝山。"又载："明万历中尝开采寻止。"1975年，在七宝山西面的金线头村建成五莲县七宝山金矿。1976年，又在七宝山北侧山根下建了七宝山硫铁矿。

我们要去的后张仙村就在七宝山的北侧，相距不到一公里的路程。

原以为后张仙村会到处呈现着鲜明的红色元素，最起码村口会张挂或标有"王尽美祖籍""王尽美祖籍欢迎您"之类的字样。当导航提示已到达目的地时，我们并没有看到与王尽美有关的任何标识。

村子就在公路东，一条东西水泥路直通村里。路、村子，很平静，平静得有些冷清。

而此时，它北面的大北杏村，却呈现着另一番光景：机器轰鸣，正如火如荼建设着以王尽美为主题的红色小镇。一进枳沟镇，醒目的"王尽美故乡欢迎您！""尽善尽美，不忘初心"等字样出现在眼前。

那边热火朝天，这边却悄然无声。

后张仙村子不大，坐落在岭坡上，最高处是村委大院。大院的栅栏门上了锁，我们透过栅栏门的缝隙，看到院角处荒草丛生。院门面南，对着一条南北街，这条街和来时的东西路是村里的主要街道。

街两旁闲置着不少老屋，已久无人住，露出衰败之象。低矮的院墙，可以对庭院一览无余。老屋的墙基是用石头垒砌而成的，土坯的墙皮已开始脱落，门窗都是20世纪70年代记忆中的式样。

我们久久凝视着这些被遗弃的老屋，想着它们将会在岁月风雨的侵蚀下慢慢衰落下去时，不禁心生痛惜。

在村前头的胡同里，我们寻视着王尽美家的老宅，"村前头的河西崖，有一条东西胡同，胡同前有棵大柳树，王兴业家就住在这条胡同里"。这是我从网上搜到的有关其老宅的描述。可是，眼前的这个村落早已不是描述中的后张仙村了，这是1960年搬迁以后的新村，原先的老村早已覆盖在墙夼水库汪汪的碧水之下了。

日上三竿，街上还少见人影。我们目及之处，也没寻到店铺或诊所。商店与诊所就是村子的窗口，是人流最集中、信息量最大之所在，也是我们首要拜访之处。

这时，村委大院门口停下了一辆微型电动汽车，一个年龄50岁左右的男子挥手让我们过去。

他审视着问我们是干什么的，我们说明来意，并拿出证件，见他没言语，就趁机向他询问王尽美在祖籍的情况。

他见我们从提包中掏出笔记本，忙说要赶着去镇上开会，就开车走了。没走出多远，又停住，从车里探出头对我们说，去前村找五木匠，他负责续我们王氏家族谱。

在后张仙村

我们猜测他说的前村，应该是前张仙村。

前张仙村在后张仙村南侧，与之比邻。因它坐落在公路两边，明显比后张仙村繁华。我们见公路西边有一家综合性商店，想进去买包香烟、几瓶矿泉水。店主家正在里屋吃早饭，听见我们喊，忙跑出一个四十多岁的妇女。

买上东西，我们问五木匠家住哪儿。

她说五木匠怕是没在家，接着朝里屋大声问道："咱五叔回来了没有？"

里屋的一个男人回应道："没回来。"

女人又热心地问我们找五木匠干什么。我们亮出王尽美研究会的会员证，说想采访有关王尽美的事。

女人忙热情地把我们让进里屋，刚才搭腔的是她的男人，叫王丰须，1975年生人。五木匠是王丰须的本家的五叔，王丰须说五木匠去高泽镇他儿子家了，要住些日子。

我们从他那里了解到，五木匠的真名叫王明诚，因他年轻时当过木匠，又在兄弟中排行第五，故称五木匠。

王丰须说等五木匠回来后，就立马告诉我们。

他还告诉我们："你们采访的庙后村、东云门、西云门、辉沟子这些村都在水库四周，只要沿着水库往前走就找到了。"

庙后村的李五妹

"王尽美从枳沟高小毕业后，于1915年8月28日与李氏结婚成家。李氏是一位普通农家女，莒县庙后村人，性情温柔朴实，比王尽美大一岁。"这是《王尽美传》中对王尽美妻子的描述。

2018年8月26日上午，我们从前张仙村出来，顺着睢阳路继续前行，去采访庙后村。

庙后村在墙夼水库南边，与水库北面的大北杏村正好南北相对。它属于五莲县中至镇，地形为丘陵，位于中至河支流的北岸，东临高泽镇夏家庄，西至圣旨崖，南靠留村，北接高泽镇柳树沟，全村有二百六十多户人家。据《周氏族谱》记载：明初，周姓从山西省迁此立村，南岭有座仙姑庙，村因为在庙后而得名。

王乃征在《回忆敬爱的母亲》一文中提到：村前有条河，河前有座山，山上有座庙，庙后村因在庙后而得名。

我们到了庙后村，并没有进村里，而是穿过村东，先去了村前。村前，有条瘦成沟一样的河，这是中至河的一条支流。在河边，遇到两个正蹲在树荫下歇息的村民，通过与他们攀谈，了解到他们是庙后村的，那山叫聚仙山、那庙叫娘娘庙。

聚仙山其实就是一座土岭。站在山上放眼四望，周遭尽是丘陵，连绵起伏的丘陵与满坡已近枯黄的玉米秆静默在烈日之下。与之一起静默的，还有北面坐落在半坡上的庙后村。一排排白墙红瓦的房屋，在炎炎夏日照射下，依坡而立。这是搬迁后的庙后新村。20世纪90年代，为了防止水涝，庙后村就从原来河边的低洼地带，整体往后搬迁到了岭坡上。王乃征记忆中的姥娘家的宅院，连同原来的老村落早已不复存在了。

从村民那里，我们还打听到了要找的知情人，他叫李永华，生于1921年，是村里年纪最大的老人，也是王尽美妻子的本家堂孙。

在村委后面，有一块半个篮球场大的水泥地，里面设置了一些简易的活动器械，还有些石凳，这是村民活动的场所。李永华住在活动场所的北面，迎接我们的是他的儿子李春生，生于1946年，清瘦文雅，他热情地把我们领进李永华老人住的南屋里，老人见我们进去，想下床，被我们拦住了。

我们打量着眼前这位老人：胸脯很宽，看得出年轻时的魁梧；胸脯的肌肉已经塌陷进去，裸露出嶙峋的骨骼。

他前倾着身子慈祥地望着我们，听着儿子对我们的介绍。

李春生说老人身体还好，没什么毛病，耳不背，记忆也好。

在我们的提点下，老人开始回忆着往事。伴随着他断断续续的诉说，一百多年的光景一点点呈现在我们面前。

王尽美的岳父叫李灵甫，是村里的眼科医生。原先是种地的，由于老婆有眼疾没钱治疗，他就通过自学，成了眼科医生。他有五个子女，两个儿子，三个女儿，王尽美的妻子排行第五，村里人叫她李五妹。李五妹的大姐起先嫁到了古家沟村，由于那里是山区，贫穷，后来就全家迁住庙后村，住在她父母家的对面。李五妹的二姐嫁到了东云门村。

我们问起李五妹的长相，李永华说她个子不高，四方脸，村里人都说她长得俊。她每次回娘家都要来他家串门，她很爱说话，性格开朗。

　　李永华对李五妹最早的记忆还是他六岁那年的秋天，当时他站在村头玩耍，看见一个俊俏的妇女被毛驴驮着颤颤悠悠进了村，怀里坐着一个男孩。当那俊俏的妇女领着男孩去他家串门时，才知道那个男孩是她儿子王乃征，比他大两岁。自此，他与王乃征就成了好伙伴，王乃征只要跟着母亲走姥娘家，就找他玩。

　　王乃征后来到庙后村开展抗日活动时，就住在他家里。李永华还清晰记得他新婚不久，屋里的摆设及被褥都是新的，王乃征来了，他们两口子就把新房让给他住。

　　我们问他是否跟着王乃征参加过抗日，他有些激动地说，让他鼓动着，哪能不参加啊！

　　他说，那时村里许多人被他鼓动着参加了抗日。王乃征大舅家的二表兄叫李福胜，也跟他参加过抗日，不过，当王乃征随军北上后，他就投奔到国民党那边去了。

　　我们问李五妹是什么时候去世的，老人想了想说，可能是在他八九岁的时候，好像是在冬天，他那时已经穿上了棉袄。他见母亲流眼泪，就问她怎么了。她说，你三老爷爷家的小老姑没了，这么好的人怎么说没就没了呢！说着，又抹起了眼泪。

　　那时，村里人对李五妹的去世都感到难过与惋惜，都念叨着她的好：她在娘家从没惹爹娘生过气，从没和村里人红过脸；她出了嫁，上有老下有小，男人又常年在外，辛辛苦苦操持着那个家，也毫无怨言；她从小心灵手巧，什么家务活都会干，还能帮着父亲给病人抓药。

　　我们听说李五妹还能给病人抓药，就问她念过书没有。

　　李永华想了一会儿说，没听说她上过学念过书。

　　我们让他再仔细想想，他就垂下头眯起眼，久久不语了。他的思绪游走于九十多年前的时光里，走不出来了。我们没再打扰他，转而询问旁边的李春生。

李春生说，他也没听说她是否读过书，但听说她喜爱读书人，村里有些贫穷的读书人去她家诊所拿药，她都不要钱。

临走时，我们再三嘱咐李春生，让他没事时，多陪着父亲聊聊有关李五妹的事，聊多了，也许会唤起他更多的回忆。

一个月后的一个傍晚，我们忽然接到李春生的电话，他说他父亲想起一件事：李五妹有一次领着王乃征去他家，曾经劝说过他母亲，要家里供他（李永华）读书。她说越是受穷，越要让孩子读书。

我们听了很是兴奋，因为从李五妹这番话里，我们对李五妹有了一个全新的认识，感到她是一个有主见、有追求、不同寻常的农家女人，也明白了为什么她不嫌弃那个遭受厄运的贫穷之家，而义无反顾地嫁给了王尽美；为什么宁愿忍受相思之煎熬而无怨无悔支持丈夫外出求学，并忍辱负重支持他开展革命工作。

之前，这些困惑，都因对李五妹的全新认识有了合理的解答。

2018年10月2日，我们再次去庙后村，一是确认李春生在电话里所提及的事；二是要与李永华照张合影。

李永华是我们采访过的十几位老人中年纪最大的一位，也是我们遇见的唯一一个与中国共产党同龄的人。

不承想，李春生家锁着门，我们打听街上的人，他们说李春生去城里照看他孙子去了，李永华让他外村的闺女接去了。我们想去他闺女家找他，但是他有两个女儿，到底去了哪家也不知道。

后来，王尽美嫡孙、王乃征之子王军回诸城，我们陪同他又去了趟庙后村，本来想去看望李永华老人，但是他还是不在家。

我们望着紧锁的大门不禁有些怅然若失，没想到第一次短暂的交集之后，竟然让我们时隔一年多还是无缘相见。

2021年6月19日，为了不忘初心，我们把三年前探访时所走过的路又重新走了一遍，去看望了这片淳朴的土地，以及生活在这里的一位位可亲

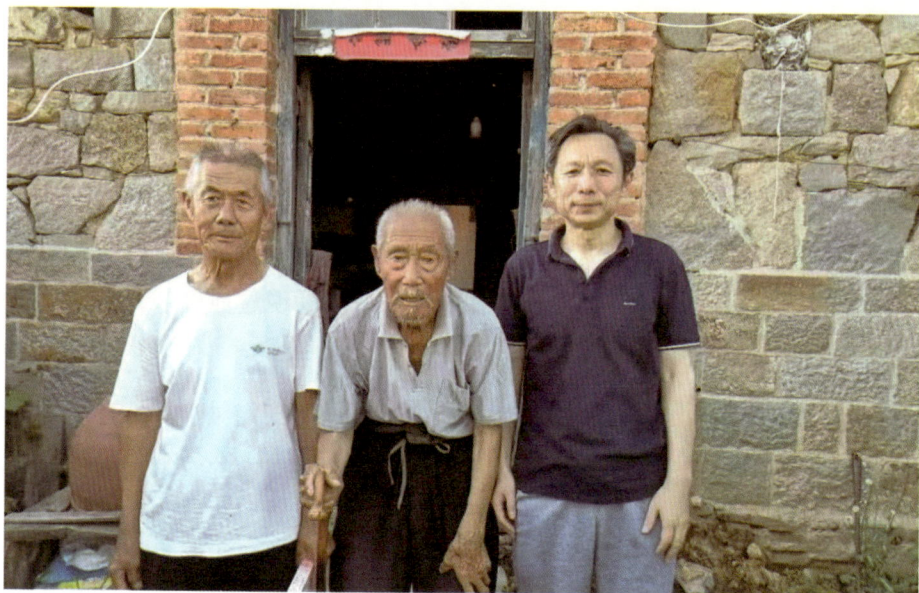

李晓（右）与张永华（中）、李春生（左）合影

可爱的老人们。

盛夏之下的庙后村，万物茁茂、欣欣向荣，在李春生带领下，我们走进了李永华的庭院，终于又见到了他老人家！

相识辉沟子

辉沟子村属于五莲县高泽镇，丘陵地形，东、西、北三面环岭，东临李家官庄，西至高泽湖，南靠潘庄，北接杨家沟。据《孙氏族谱》记载，明崇祯三年（1630年），孙姓从本县孙家沟迁此立村。因村中习练武术者众多，行话称"会钩子"，故名会钩子，后来演变为辉沟子。

王尽美的母亲刘氏就是辉沟子村人。

2018年8月22日上午，我们从庙后村赶到辉沟子采访时，已近中午。见村委没人，我们透过窗户从张挂在办公室墙上的工作章程上，看到了村支书陈为俊的名字及其联系电话。与他通了电话，说明来意。他说在镇上开会，让我们下午到村委找他。

村里没有饭店，我们只好驱车去枳沟街吃饭。吃完饭本想在车上午休会，可是街上燥热的空气中充斥着的喧嚣与嘈杂，让我们难以入睡，就回到了辉沟子村，把车停在村委北侧的一片树林前。

等到下午两点时，一辆轿车停在村委门口，两个人下车后，进了村委。我们猜测是陈支书回来了，就赶过去。

陈为俊支书坐在办公桌前，喝着茶，吹着风扇。旁边过来人，给我们倒上茶。

他问我们："去过后张仙了？"

我们惊奇地问他是怎么知道的，他笑着说："你们给我打电话时，后张仙村的王书记就在我身边。他说上午他在村里遇到过你们，因急着开会，也没详细问你们的情况。"

他说完，就打起电话。不久，一个近六十岁的妇女进来了，陈支书介绍说，她是刘家的后人叫刘加叶，是王尽美母亲的曾侄女。

刘加叶向我们介绍起刘氏的情况：刘氏兄妹五个，男的三个，女的两个，数她最大。她从六七岁就开始帮着父母照看弟弟妹妹、干家务、干农活，从小练就了吃苦耐劳、任劳任怨的精神。她经常背着弟弟妹妹到人多的地方玩耍，听说了不少故事，晚上就讲给弟弟妹妹听。她虽然没有上学受过教育，但是那些故事却成了她人生的教科书。

刘加叶说，她爷爷最小，他是被刘氏从小看大的，因此，他与刘氏感情最好，刘氏对他家照顾也最多。后来，刘氏被政府接去济南养老时，她把家里值钱的东西都留给了他家。

刘氏对侄子刘贤德也格外疼爱，有好吃好用的，都想着他。刘氏曾经给过他一个三弦。

我们问三弦在那儿，她说住老屋时还在，搬到新屋后，不知怎么弄丢了。为此，她父亲刘贤德还翻箱倒柜找了一顿，最终也没找到。他很懊恼，说这是他姑给他的礼物。

据有关资料记载，王尽美能谈会唱，随身带着一把三弦，把它当成宣传革命的工具。五四运动时，他用弹三弦唱戏曲的形式在集市上进行宣传。他去苏俄开会期间，还在莫斯科公园用三弦弹奏《梅花三弄》等曲子，吸引了许多俄罗斯市民。也许，刘加叶家里的这把三弦就是王尽美留下的。刘加叶与陈书记听我们这么一说，都惋惜不已。

刘加叶说，刘氏过世后多年，她父亲还常念叨着她的好，说她是我们老刘家最勤快、最贤惠、最明事的人。

刘氏还常让刘贤德去她家住些日子，与她的两个孙子一起玩耍。因此，刘贤德与王乃征兄弟俩从小感情就很好。后来，王乃征到辉沟子村发动抗日，刘贤德跟着他参加抗日活动，并多次出生入死给县大队传送情报。新中国成立后，刘贤德还与儿子去王乃征那里住过一段时间。

刘贤德生于1921年，于2017年去世。

我们有些遗憾，要是早来一步就好了。

陈为俊感慨地说，你们现在来也不算晚，要是再过几年的话，那些八九十岁的知情老人恐怕都很难找到了。他的话让我们有了一种紧迫感与使命感。

2020年5月，青岛一个叫陈祥勇的给我们打来电话，说他是刘加叶的女婿，他从乔有山文化传媒公众号上看到采访刘加叶的一篇文章，发现上面有两处错误：一处是村名，"古吉沟"应为"古家沟"；另一处是写错了刘贤德的出生日期。对于陈祥勇老师的热心指正，我们十分感谢。从此，与他就有了联系，经常用微信交流有关王尽美的事，他还写给我们一篇《王尽美外婆家纪事》。

2021年7月17日上午，他从青岛回辉沟子途经诸城时，我们见了面。之后，一起去了高泽镇，在他引荐下，我们认识了高泽镇党委的赵尔好书记，并对王尽美的事一起进行了座谈。中午吃饭时，赵书记还特意把辉沟子村支部书记陈为俊、后张仙村支部书记王绪财找了来。

回想起三年前采访时的情景，我们都不免有些感慨。

因王尽美，我们熟悉了莒北这片土地；因王尽美，我们接触了更多的莒北人。为此，我们应该多做些宣传王尽美的事，让更多的人知晓王尽美，让王尽美的精神影响更多的人。

父子两代人的老师

一

"1910年春，大北杏村办起了村塾，费用共同承担。因为人多，有五六十个孩子，所以收费很少。这样，王尽美在失学三年多之后，又获得了重新读书的机会。有人反对他入学，理由是他曾妨死过财主家的一个小少爷。但是，塾师张玉生不信这种邪说。他知道王尽美聪明，并且有很好的学习基础，如果到村塾里来，对其他孩子能起到一个良好的带动作用，

李晓（左）采访张永华（中）、张年春（右）

所以执意要收他。最后，王尽美终于如愿以偿。"

这是《王尽美传》（1998年红旗出版社出版）里的一段描述。可以说张玉生对王尽美有知遇之恩，但《王尽美传》对张玉生没有更多的介绍。为了让世人更多了解这位塾师，我们对他的身世进行了探访。

2018年10月8日下午，我们从南往北驱车直插库区腹地，去前云门村采访，张玉生第三个儿子张守田一家就居在该村。

前云门村坐落在墙夼水库南崖，它原是东云门村的一个生产队，1960年随着库区的搬迁，迁居到这里，仍称东云门。1981年，地方名标准化处理时，因与东云门重名，改称南队，还属东云门村。1987年，东云门村划归汪湖乡后，属于七宝山镇，设立前云门村。我们采访了张守田的儿子张永华及其孙子张年春。

张永华生于1929年，前云门村村民。

他介绍说，张玉生有三个儿子，依次是张守银、张守鑫、张守田，他是张守田的次子，从十六岁就跟随张玉生先后在五莲县许孟、汪湖等医院待过，一直到参军。

张年春，1968年生人，张永华之子，现任前云门村支部书记。

二

我们通过多番联系，终于知道了张年友的住址。白天去了几次，他都不在家，我们就晚上去。2018年12月16日晚，我们终于采访到了张年友。

张年友，1943年生人，原住五莲县东云门村，后落户于诸城市万家庄乡官庄村（现为诸城潍河片区红星家园）。他爷爷张守银是张玉生的长子。

1964年，张玉生从五莲县人民医院退休，回到东云门村，一直居住在他家。张年友担负起了陪伴、照顾他的任务，与他同吃同睡，白天帮出

李晓、李霞与张年春夫妇合影

诊，晚上陪聊天。在冬天，为了打发漫长的夜晚，张玉生常对他讲一些老事，也提到他的得意门生王尽美。

在张年友兴致勃勃地讲述中，一个真实的张玉生终于呈现在我们眼前。

张玉生

张玉生，生于1882年10月，天资聪颖，在本村读完私塾后，又考取了童生。他的家人本想让他通过科举考试谋取功名，但张玉生觉得官场腐败、社会动荡，不如教书好，便放弃了科举考试。

他从1904年起开始教书，一直教到1930年。然后，改行当了医生，一直干到退休。

张玉生虽然退休了，但闲不下来，开始给人看病。张玉生最擅长看妇科病，尤其是妇女产前产后病。他之所以自学妇科，是因为他的老婆及他的大儿媳都死于产前产后。

由于前来看病的人多，家里拥挤，张玉生就在本村的单身汉王玉田家里坐诊。中午，张年友给他送饭。

张玉生八十四岁时患了偏瘫，两年后病逝，终年八十六岁。

我们问起张玉生与王尽美之间的交往情况。

张年友说，六几年，五莲县政府曾派人找张玉生采访过尽美的事。他记得采访后的当天晚上，张玉生兴奋地对他说，王瑞俊都去世那么久了，我本不想再提他了，结果让他们一问，很多往事忽然又从心底冒了出来。

于是，他向张年友说起了王尽美的一些往事。

张玉生在大北杏村教村塾时教过王尽美。王尽美虽然出身寒门，但是个聪明、懂事、用功的孩子。他学的课文当天就能背过，不仅能一个字不差地默写出来，还能弄懂文章的意思。王尽美是张玉生一生最得意的学生。

王尽美是在张玉生争取下上的村塾。1910年，大北杏村的八家大地主联合开办了一家村塾，凡是适龄孩子，只要交上学费就可以上学。有一天，张玉生在大街上遇到一个孩子正在家门口拿着根玉米秸打蜻蜓，就好奇地问他怎么不上学，那孩子委屈地说村里人不让他上。他就问为什么，那孩子说村里人说他妨人。

问他叫什么名，那孩子说叫王瑞俊。他一听，马上明白了，有人曾对他说过这孩子的事。他让王尽美在家里等他的信儿。

王尽美听了很高兴，就问他是不是张塾师。他当时听了一愣，问他怎么知道的。王尽美笑着说，猜的。然后就亲热地拉着张玉生去他家。张玉生说，我就不进去了，你明天来上村塾吧。

张玉生接着找到负责管理学校的一个叫王×禄的地主，经过再三争取，学校才答应让王尽美上学。

王尽美是个很重情的人。他后来去枳沟上学了，还常去看张玉生。他结婚后，每次去云门村他二连襟家走亲戚，也都会去看他。即便他后来去了济南，也去东云门看过他。

后来，我们从五莲县县委党史研究中心写的文章《马克思主义在五莲地区的传播》中看到：王尽美于1922年参加完在莫斯科召开的远东各国共产党及民族革命团体第一次代表大会后，曾回过家乡，并去了姥姥家和张玉生家。

后来张玉生在城里给一家姓祝的大户人家教学时，有一年王尽美从济南回到诸城，还在他那里住了四十多天。他白天外出，晚上很晚才回来，每次张玉生都是等到他回来才睡。有一次，王尽美从外面回来后，一直咳嗽，还吐了血。张玉生就给他配了服中药吃。但他从不问王尽美在外面干什么。王尽美临走前的那天晚上，问张玉生，老师，你怎么也不问我这些日子在干什么？

张玉生笑了笑说，你要是想告诉我，不用我问。

王尽美与张玉生说了一晚上话，还谈到国共两党正在进行合作，要一起推翻北洋军阀的独裁统治。

张玉生再三嘱咐他一定要注意安全。

张年友说，王尽美从青岛回家乡治病时，张玉生去看过他，除了给他诊断病情外，还把报纸上刊登的当局镇压青岛工人罢工的消息告诉了他。他怕王尽美听了担心，就劝他安心养病要紧。

我们又问张玉生加入过共产党没有，张年友说，没听说他入党的事。

他说，在张玉生的支持下，他的父亲（张守银）当了解放军，参加了抗美援朝。1954年，他父亲转业到汪湖乡兽医站当站长。当时东云门村虽然是个四五百户人家的大村，但村里没有卫生所，村支书就动员他父亲回村干医生。张玉生也支持儿子回村当医生，还传授了他一些医学知识。

至于张玉生是不是共产党员，他的档案中也没提及，我们也没有深入去了解。

张年友又说起张玉生与赵锡瑶打官司的事。

张玉生有个妹妹嫁到了赵家辛庄，她家与本村的一家姓赵的起了纠纷，就把这家告到了官府。而这家与李家北杏村的赵锡瑶是本家，他们去找了赵锡瑶，赵锡瑶在济南府有关系，就帮着他们打赢了官司。

为此，张玉生与赵锡瑶之间就产生了芥蒂。

后来，我们在赵树智的帮助下，从五莲县卫生局档案室复印了一份张玉生的档案。从张玉生的干部鉴定上看到，他热爱工作，忠于职守，一直积极进步。他自己则写道：我今年虽满82岁，在精神身体上均受很大的牵掣，但是能够顽强地工作。医院支部数次催促我休息，或半日工作。但是我认为只要能够活一天，就要为国家干一天，以报答党对我的关怀。

一个耄耋老人的敬业爱岗之情流露在字里行间。

他的学生王尽美为革命鞠躬尽瘁、死而后已，最后病逝在工作岗位上。而他，虽然已是八十多岁的高龄，但一直坚守在工作岗位上，兢兢业业治病救人。

他们师生两人，虽然从事的事业不同，但殊途同归，都为党和人民的利益作出了无私奉献。

寻找见山堂的塾师

一

　　"1905年，大北杏村的地主王介人为了培养后代，请了位老先生，为其8岁的儿子祥儿设塾启蒙。"（《王尽美传》，1998年红旗出版社出版）

　　这个老先生是谁，书中并没有说明，在其他王尽美史料上也没有记载。有的文章把这个老先生说成是张玉生。我们从张玉生的档案得知，张玉生从1904年到1911年一直在杨家沟教学，1910年后才到大北杏村教村塾。由此可见，在见山堂当塾师的老先生并不是张玉生，而是另有他人。

　　这个塾师究竟是谁呢？他虽然不是王尽美的正式老师，但他私下传授王尽美知识，让他得以启蒙开智，也算是他的启蒙老师。

　　2018年8月22日，我们去五莲县高泽镇辉沟子村采访，从辉沟子村支书陈为俊那里了解到，王尽美在见山堂当陪读时的塾师姓赵，是李家北杏人。于是，我们于8月26日上午前去李家北杏村进行采访。

　　李家北杏属于五莲县汪湖镇，在墙夼水库北岸，沿岭坡立村。东临东云门，北接诸城市大北杏村。清乾隆末年，李姓由诸城大北杏村迁此立村，因在大北杏村南岭的南面立村，故名小南岭。后来，改名李家北杏。1984年划归七宝山镇，1987年划回汪湖镇。

　　王杰在《我在莒北地区参加革命活动情况的回忆》一文中提到：

"（在家乡大北杏村开展革命活动时）我党的工作活动完全是秘密进行的，我家作为区委的联络点，区委会议大多数在我家召开，有时到我村南边的小南岭村王士驹家开会。"

文中提及的小南岭村就是李家北杏村。

到达李家北杏村已近上午10点，但街上鲜有人影。我们顺着村里的东西水泥路往东直奔，在村东头找到了村委。村委在路的南边，门口朝东，门前有块空地，是村民的活动场所，摆设着几件简易的锻炼器械。大院门开着，院里的几间办公室却锁着门。

在路北，有一个胡须花白的老人，坐在家门口，正好奇地望着我们。他虽然清瘦，但精神矍铄，我们过去与他打招呼。老人叫李善周，生于1924年，已90多岁的他，耳不聋眼不花，头脑清醒。

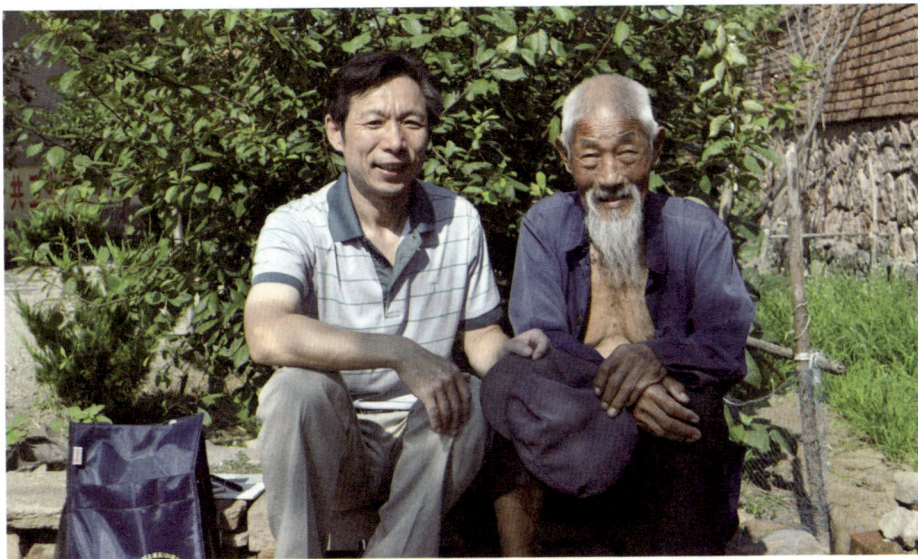

李晓与李善周

"在民国前，你们村有没有一个姓赵的当过塾师？"

他摇头笑了笑说："那么早的事了，没印象。"

我们意识到他没听明白我们的话，就换了个问法："很早的时候，你们村有没有被雇去教私塾的？"

他这回听明白了，就指着门口东面的一处宅院大声说："给私人家教书的，他家就有，叫赵锡瑶。"

我们这才注意起那处宅院来：宅院处在半坡上，地基露出地面约一米多高，石块筑基，青砖砌墙，砖石已被风雨腐蚀成灰白色。

我们问这处宅院盖了多久了，李善周说自从他记事起，这个宅子就在这里了，是赵锡瑶盖的。

我们问赵锡瑶多大年纪了。他笑了，说早已不在了。

我们又问，如果他活着的话，该多大年纪了。

他掰起手指推算着："他与第二房生大儿子赵震瀛时，已经六七十岁。赵震瀛比我小一岁。这样推算，他如活着应该是一百五十六岁了。"

通过推算，赵锡瑶大约是1856年生人。1905年时，他已经近五十岁了，也算是老先生了，与见山堂的塾师年纪相符。

我们问赵锡瑶是什么学问，李善周说："村里人都称他'大学生'。"

我们问什么是"大学生"。他说不知道，只是听说赵锡瑶小时候在大北杏村上过私塾，后来又参加了几次科举考试。

看来赵锡瑶具备当塾师的资格。

我们让李善周详细讲讲赵锡瑶。

他想了想说，赵锡瑶是跟着他父亲投奔这里的，先后娶了两房老婆，头一房给他生了四个儿子和两个女儿，其中一个女儿嫁到了大北杏村一家姓王的地主家。

我们插问，是不是见山堂？

他说不知道是哪家，但大北杏村的地主多是姓王的，都是一个宗亲。

我们似乎感到赵锡瑶离那个塾师更加接近了。既然赵锡瑶与大北杏村的王家有亲戚关系，见山堂如请他去教书，也在情理之中。

为了进一步验证，我们又从反面做着一些假设：这个塾师有没有可能是赵锡瑶本家的其他人，或是他兄弟，或是他儿子，或是他侄子。

李善周说，赵锡瑶就兄弟两个，他弟弟赵锡昆与父亲都是种地的，没有上过学。

看来赵锡瑶的父亲和弟弟不可能当塾师了。

李善周说，赵锡瑶头房的四个儿子，只有他的第四个儿子赵寰瀛上过学，后来留在了济南。

看来赵锡瑶的儿子当塾师的可能性也不存在。

李善周说，赵锡昆也有四个儿子，但都没上过学。

如此看，赵锡瑶的侄子也不可能当塾师。

如此看来，赵家只有赵锡瑶具备当塾师的资格。

虽然从多方面推断，赵锡瑶应该是见山堂的塾师，但是史料不能靠推测，还要有人证与物证。

可是，沧桑百年，物是人非，向哪去寻求证据呢？

我们凝视着赵家老宅，眼前似乎浮现出赵锡瑶坐在屋里与王尽美交谈

赵家老宅

的情景，突发奇想，也许，在这百年老宅里能够找到证据。

于是，我们想进老宅看看。

李善周说，这个老宅现在成了赵雷瀛的。赵雷瀛是赵锡瑶的第七个儿子，现在住在五莲县城他四女儿家。

我们问怎么才能联系上他们。李善周说，他们去城里好多年了，基本和村里没有什么联系。

他想了一会儿，就朝着南边一个正在整理垃圾桶的老汉喊道："你去把你哥喊来。"随即对我们说："他哥赵增恒负责续赵家族谱，也许他能联系上他们。"

那个穿环卫工马甲的老人，一瘸一拐走过来问有什么事。

李善周说："他们几个想找你哥打听个事。"

我们见他走路不方便，就问赵增恒住在哪里，我们自己去找。

他往南一指说："不远，就在第二趟房上。"他还是热情地非要带我们去。

在路上，经过交谈得知，他患过脑溢血，落下了走路不利索的毛病。村里为了照顾他，让他负责整理村里的垃圾。

二

赵增恒，1945年生人，是赵锡瑶的第五代孙子，他的老爷爷赵登瀛是赵锡瑶的长子。我们看着他言行举止像是个教师，他说自己是种地的，只有高小文化。

他见我们对挂在墙上的一张全家福感兴趣，就自豪地介绍着上面的两个儿子说，他们都是大学生，在北京工作，小儿子还是博士后。

我们递烟给他，他犹豫了一下接住说，就抽支好烟吧。按说医生不让抽烟，我患过脑溢血，我们家有这方面的遗传病史。

后来，当我们从赵树智那里听说赵锡瑶死因时，就明白其中原委了。

李霞、李晓采访赵增恒

　　赵锡瑶去世于1934年夏天，那时他在枳沟街经营着一家油坊。有一日，他骑着毛驴从枳沟街往家走，当他行至大北杏村南三岔口时，忽然刮起一阵风，他被头顶的树枝刮落在地，当场瘫痪，五日后就去世了，享年七十七岁。

　　赵树智说他死于意外，我们却认为他是突发脑溢血所致。

　　赵增恒由于牵头续过家谱，对他家族的事知道得比李善周更加具体。他找出族谱，向我们讲述起他家族的事。

赵锡瑶

　　赵锡瑶，字公楠，生于1857年，祖籍五莲县前孙村。后来，他跟随父亲赵亮迁至李家北杏村落户。他从小就跟着父亲在大北杏村的一家地主家当长工，东家见他聪明懂事，就让他给自己的孩子当陪读，他得以读书识字。赵锡瑶喜爱读书，满腹诗文，人称"大学生"，曾两次参加科举，却不第。一次是因为给朋友庆生而醉酒误考。另一次，因他把村址误写为大北杏村而导致无法录取。他生性豪爽，好交朋结友。一生教过书、当过经纪人、做过生意。他先后娶妻两房，头房为徐氏，牛家官庄人，生了四个儿子，分别为登瀛、蓬瀛、怀瀛、寰瀛，还有两个女儿。近古稀之年，续弦刘氏，又生了四个儿子，分别为震瀛、霖瀛、雷瀛、霆瀛。

赵锡瑶家由于人丁兴旺，勤劳勤勉，很快就成为村中大户。他在村东头置地建院，院内盖有房屋二十多间。后来，由于村里通路，院子前部分被拆除，只留下院子后面部分，也就是现在看到的这处赵家老宅。

当我们问起赵锡瑶给见山堂当塾师的事，他说赵锡瑶当塾师他知道，但没听说过给见山堂当塾师。

看来证明赵锡瑶是见山堂塾师的希望，还得寄托在这处老宅身上。

我们问他能不能联系上赵雷瀛的女儿，我们想进老宅看看。

他说联系下再说。

9月16日上午，虽然天下着雨，我们还是冒着沥沥秋雨赶往李家北杏。

此行让我们很兴奋，因为有两个好消息在等着我们。一个是赵增恒来电话说，他经过反复回想，终于想起了一件事：在他第二个儿子出生的第三日，他老奶奶（赵锡瑶的长媳）来他家吃喜面，夸奖他孩子说，这个孩子像他的老祖（赵锡瑶），一看就是读书的材料，长大一定有出息。接着，他老奶奶自豪地说起赵锡瑶，说他从小就不是干农活的命，先前是给人家教私塾。自从见山堂家的小少爷出事后，他感到晦气，才不教书了，就做起生意来，还是不用干农活。

这事足可证明赵锡瑶在见山堂当过塾师。

第二个是赵雷瀛的四女儿赵树丰答应从城里回来，领我们进老宅看看。

我们到了李家北杏，刚给赵增恒录完采访视频。赵树丰就来了电话，说她们快到了。

赵增恒没出去迎接，只有我们站在老宅前的绵绵秋雨中，迎接着从五莲县城远道而来的主人。

渊　源

一

我们从赵树丰那里了解到，赵雷瀛身体还可以，于是就决定前去拜访。

除了找他进一步了解赵锡瑶之外，还想了解一下老宅里的物品哪些是赵锡瑶留下的。赵树丰说赵锡瑶当年坐过的一把太师椅还在，一直放在她家库房里，我们也想去看看。

2018年10月12日上午，我们来到五莲县城赵树丰所居的金龙小区。

赵树丰，赵雷瀛的第四个女儿，1965年生人，现已退休。

我们进门，赵雷瀛正坐在沙发旁边的一把藤椅上。他虽瘦弱，但精神尚可。

赵树丰说父亲听力不好，她凑到父亲耳边大声复述着我们的问候。他听懂了，高兴地示意我们快坐下。

赵雷瀛，1928年生人，中共党员，解放战争时期曾参加过县大队。

赵树丰在旁边当着"翻译"，我们向赵雷瀛问起赵锡瑶的事。

赵雷瀛说他父亲过世时，他才五六岁，还不记事。

我们又问他是否听说过赵锡瑶给见山堂教私塾一事，他摇头说不知道。

赵树丰让我们先不要访问她父亲了，她早已约好堂兄赵树智，他马上就过来。赵树智常参与家族的事，他也许能知道。不一会儿，赵树智就来了。他听完我们采访的目的后，表示支持。

赵树智，赵霖瀛之子，1947年生人，大学毕业，曾任七宝山金矿负责人，已经从五莲县发改局退休。

我们问赵树智："听赵增恒说赵锡瑶曾给'见山堂'当过塾师。您知道这事？"

赵树智说："从赵增恒的爷爷、父亲，再到他这一辈，他们都是同辈中的老大，因此，家族的事他知道的最多。我虽然没听说当塾师这事，但是凭着我们家与王家（王尽美家）的情分，可以断定这是真的。如果我爷爷（赵锡瑶）与王尽美没有那层关系（师生关系），我四伯（赵寰瀛）怎么会对他那样照顾？我四伯上学毕业后，留在了济南的东莱银行工作。王尽美去济南上学后，我老爷爷就嘱咐我四伯说，王瑞俊这孩子虽然家里穷，但很有出息，他到济南后你要好好关照。这些事都是我听四大娘（赵寰瀛妻子）说的。她每次回来，都会说起王尽美。她说王尽美在济南上学时，经常吃住在她家，有时还领着同学去。王尽美参加

李晓与赵雷瀛（左一）、赵树丰（左二）、赵树智（左三）

革命后，还把活动经费存在东莱银行里。后来，他在青岛住院时，我四伯还去看过他。"

"赵寰瀛的后代现在还有谁？"

"听说他儿子不在了，但孙子在。"

我们问他的联系方式，他说："我与他们交往很少，赵树厂应该知道。"

赵树厂是赵雷瀛的儿子、赵树丰的哥哥，他在中国工商银行山东分行任纪检书记。赵树智与赵树厂通了话，把我们采访的事情向他作了介绍，他痛快地答应帮我们联系，还把他的手机号告诉了我们，并加了微信。从此我们与他一直有着联系。

我们去济南采访时，本想去拜访他，可惜他去北京开会了。2019年，他用微信告诉我们，他已调到北京工作，电话、微信都没变，让我们有机会去北京。

直到今日，我们与他也未曾谋面，但因一种情怀的存在，我们一直保持着联系。

赵树厂

通过赵树智的介绍，我们了解到，王尽美不仅与赵锡瑶是师生关系，还与赵锡瑶的儿子赵寰瀛是朋友，不禁感慨地说："没想到赵家与王家还有这样深的渊源。"

赵树智情不自禁地说："我们赵家与王家的渊源深着呢！"

我们忙问还有什么渊源，他欲言又止。

我们劝说道："只要是事实，说出来也是为社会提供了一些有关王尽美的珍贵史料。你要是不说出来，也许这些往事就要被岁月的尘埃埋没了。"

我们的话打动了赵树智，他说："是啊，我们赵家与王家这种交往，怕是除了王乃征、王乃恩，他们的后人都不知道了。"

他说王乃征在20世纪80年代来诸城时，他代表五莲政府部门还去看过他。王乃征听他介绍了自己的身份（赵锡瑶的嫡孙）后，很热情称呼他小老弟。

当在场的人惊奇地问他们是什么关系时，王乃征说："我与他堂兄一起打过日本鬼子。"

这件事，又引出了一段王、赵两家的故事。

赵树智说，抗战时期，王乃征曾任莒县县大队队长。（经我们查证，1943年，王乃征任莒县县大队中队长兼县大队参谋。）他在李家北杏进行抗日活动时，就住在他堂兄家。他的堂兄赵树声（赵怀瀛之子）还跟他参加了县大队，后来任区委秘书。

我们问赵树声后来的情况，赵树智悲伤地说："后来老死在村里了。"

当我们提及王乃恩，又引出了赵树智新的话题。

他说，他大爷（按第二房兄弟四人排序）赵震瀛与王乃恩一起在枳沟高小上过学。

我们让他讲讲赵震瀛与王乃恩之间的交往。他说，赵震瀛与王乃恩参加了抗日后，又一起南下，只不过王乃恩去了上海，赵震瀛去了湖南。

我们曾向王明华教授询问过此事，他用微信发给我们一份当时莒县干部南下的名单。我们在一长串的名字中，只看到几个姓赵的，却没看到赵震瀛这个名字。那时，为了革命需要，许多人都隐瞒了自己的真实姓名。

对于莒县干部南下之事，王乃恩在他的文章《我在山东莒北地区参加革命活动的情况回忆》中提到：1942年2月，莒县县委根据上级指示，召开干部大会动员报名渡江南下，我积极报了名。莒县南下干部中队近百人，成立了党支部，我任支部委员。渡江后，我们这个大队接受了去浙江省金华地区的任务。

对赵锡瑶的探访，不仅让我们了解了更多的赵锡瑶与王尽美的事，还采访到王尽美与赵寰瀛、王乃征与赵树声、王乃恩与赵震瀛等赵家与王家的更深渊源。这就是曾经发生在莒北的真实故事啊！它们像一幅幅充满着革命与友情、热血与硝烟的历史画卷，色彩斑斓地呈现在莒北这块贫瘠寂寥的土地上。

二

2018年12月8日上午，我们去济南拜访了赵炳月和赵霆瀛。

赵炳月，赵寰瀛之孙，1953年10月生于济南，现已经退休。

我们通过来济南之前与赵炳月的微信交流，以及在济南的当面采访，对赵寰瀛以及他与王尽美的交往有了大致的了解。

李霞、赵炳月（中）、李晓

赵寰瀛

赵寰瀛，字季澄，1891年出生于莒县李家北杏村，系赵锡瑶的第四个儿子，1967年去世。他青年时期独自到济南求学，从启新会计学校毕业后，进入济南的东莱银行任职，从科员升为会计科主任。新中国成立后，他在济南无线电元件三厂会计科工作。

同时，我们还去采访了同在济南的赵霆瀛。

赵霆瀛，又名赵廷荣，赵锡瑶的第八个儿子，1930年生于莒县李家北杏村，曾是村儿童团长、青抗先队长，1946年参加县大队，任副班长，1947年参加解放军，在七纵十九师十四团一营一连三班任士兵。1948年在淄川战役负伤后，到济南的山东荣誉残疾军人医院工作，先后任护士长、医生。1953年分到济南汽车配件厂保健站当医生，后任卫生科科长。为了响应国家"西医学习中医"的号召，报名学习中医。他用中医治疗流感，取得了不错的效果，不仅扩大了他所在医院的影响面，还受到了有关部门的奖励。1983年退居二线后，他还坚持在医院坐诊，直至1999年。

我们又从赵霆瀛那里了解了一些有关赵锡瑶的事。至此，我们对"见山堂"塾师的探访业已结束。

关于这次济南采访之情形，李霞在她的《去济南》《中医情怀》两篇随笔中描述得很详尽，在此不再赘述。

为了进一步了解赵震瀛与王乃恩的交往情况，我们在赵树厂的帮助下，于2019年1月4日与赵震瀛的儿子赵建华取得了联系，并进行了微信交流。

赵震瀛，1925年出生，赵锡瑶的第五个儿子，他在莒县参加过抗日，抗日胜利后，随工作团南下，在湖南邵阳搞土地革命、建立地方政权。土

李霞、李晓、赵震瀛（左一）

改后，到邵阳工业局工作，后又在冶金局、煤炭局等任主要领导。

据赵建华介绍，他父亲与王乃恩曾是枳沟高小同学。20世纪70年代，他跟父亲去上海看望过王乃恩。20世纪80年代，赵震瀛到上海参加全国工业会议时，王乃恩还专程去看望并宴请了他。

赵锡瑶、王尽美、赵雷瀛、赵寰瀛、王乃征、王乃恩、赵树声等人，生活在不同的年代、不同的地域、不同的环境，他们的生活之所以产生这么多的交集，是因为他们都曾生活在莒北这片古老淳朴的土地上，是因为这片土地上的文化、习俗、精神世代传承，所以才得以在世人面前展现出他们如此紧密、如此温情、如此美好的交织与融汇，才让莒北这片土地如此令人向往。

原点，起点

一

2018年10月14日，我们又来到大北杏村。这次，我们办两件事：一是采访王道的后人；二是找老王。

之所以采访王道后人，是因为王道是王新甫的女婿，我们想从中更多地了解王新甫的信息。王新甫是王尽美的高小老师，对王尽美影响很大，具有一定的革命启蒙作用。

在《王尽美传》（1998年红旗出版社出版）中，对他只有粗略的介绍：王新甫毕业于济南政法学堂，是王尽美在枳沟上高小时的老师，思想很激进，人称"革命党"。他在课堂上经常撇开书本谈论国家大事，如黄花岗七十二烈士、铁路风潮、武昌起义等，还把最崇敬的资产阶级革命家邹容和陈天华的事迹及他们的著作《革命军》《警世钟》的章节讲给学生们听，讲到激动处，往往慷慨激昂，声泪俱下，让王尽美听得心潮澎湃，热泪盈眶。同时，他还推荐和介绍当时流行的其他书刊如《天演论》《民报》等报刊让学生们读，使王尽美的心灵受到了革命思想的洗礼。在他的启发和引导下，王尽美对政治书刊产生了浓厚兴趣，对它们的需求达到了如饥似渴的程度。

王尽美对王新甫一直很敬重，王乃恩在《我们的父亲》中提到：记得父亲回家时，常常和枳沟高小的王新甫老师一起谈话。父亲对他很敬重，每次回家总要去拜访他，同他交谈一些对时局的看法。

对于这样一位对王尽美人生产生重大影响的人物，我们应该有更多的了解。

我们曾采访过王新甫的家乡西安村，村民向我们推介了王启光、王启东、王启娟等与王新甫血缘较近的几位后人，但他们都不在村里，王启光在济南，王启东在胶南，王启娟在诸城。

我们先联系上了王启娟，她给予了我们很大支持，不仅去诸城市档案馆复印了王新甫的家谱，还给我们提供了一些寻访线索。王道这个线索就是她提供的。王新甫的大女儿与二女儿都嫁到大北杏村，二女儿嫁给了王征绥（王道）。

我们在村里走访了几户人家，打听了几位上年纪的老人，竟然没有人知道王道这个人。由于当时我们对王道缺乏了解，只把他当成了王新甫的女婿，后来经查阅《诸城市党史人物传》方知，王道是一位革命者，官至山东省体委主任，是诸城有名的党史人物。

如果当时我们去大北杏村社区询问一下，就会了解到他，社区里设有王尽美等革命者的事迹。

二

没有寻找到王道的后人，我们去找老王。

老王是大北杏村的村民，住在南岭。我们与他相识于纪念王尽美诞辰一百二十周年时。

那时，我们跟随着王尽美的嫡孙王明华、王军等人去大北杏村祭祖。祭祖后，又参观了王尽美同志的故居。之后，我们上了南岭去看牧羊道，就是在那里，遇到了老王。

南岭，现在又统称乔有山，在大北杏村南边，地势平缓，林木茂密，从东往西绵延起伏有二三里。王尽美小时候经常到这里玩耍，遇到饥荒之年，饥民就到这里挖野菜、采树叶。它的东部，兀立起一座貌似磨盘的山丘，是南岭最高的地方，村人称其为盘山。后来，南岭被地主家霸占，地主的家丁不准村民来此割草、挖菜，就连王尽美与小伙伴们前来玩耍都受到他们打骂。为此，王尽美气愤地对小伙伴们说，早晚有一天，我要把这里换成咱们穷苦人的。后来，他去济南求学前，曾站在盘山上望着苍茫的大地，慷慨激昂地吟诵出"潍水泥沙挟入海，铮铮乔有看沧桑"这样的诗句。从此，这里就改为了乔有山。

牧羊道是上乔有山的一条小路，现在已经用水泥硬化。王尽美小时候为了听王敬亭讲故事，整天帮他放羊，久而久之，就踩出了一条上山的小道，这条小道就是牧羊道。

我们顺着牧羊道向上走不到二百米，见路东有个用树枝圈成的农家小院，里面有一处房屋，栽种着果树、蔬菜，一派田园景象。

我们正好奇地往里看时，从屋里走出来一个七十多岁的老人，他就是老王，这儿的主人。老王笑着招呼我们进去。

院子有二三亩地大，屋后长着一片花生，屋东种着芋头，最东头是几棵桃树、杏树，上面挂满了果子。主人老王跟过来说，桃子已经熟了，摘着吃就行。

他见我们不好意思动手，就摘了往我们手里塞。

杏子还没熟透，黄黄的，甚是娇爱，李晓忍不住摘了一颗。李霞打趣道，也不洗就吃，真是馋得急不可待了。

老王说，这些果树从没打过药，不用洗就可以吃。

李晓说这些都是纯天然的，绿色环保，在城里是吃不到的。

老王说，你们要是觉得好吃，就捎上些。他说完回屋拿来几个袋子。怕我们不好意思，就主动给我们装。我们拿钱给他，他变脸说，这是自家

李霞与王军（左二）、韩钟亮（左三）、施建辉（左四）在牧羊道

的，怎能要钱？

在他房屋前，还有一间茅草屋，里面堆放着许多农具。他家已经搬上了新楼，这些杂物没处搁，只好堆放在这里。茅草屋顶上爬满了葫芦秧，在碧叶丛中，大大小小的葫芦娇嫩光洁、憨态可掬。因葫芦有"福禄"之寓意，很受人们喜爱。老王说，等秋后葫芦收了，给我们留着。

自此，我们每到大北杏村，都要到老王那里走一趟。知道他爱喝酒，每次都带着酒。作为回赠，他把院子里的花生、豌豆、萝卜等给我们捎上。渐渐地，我们彼此熟悉起来，像是城乡走动的亲戚。我们从没问过他的名字，只知道他姓王，见面就称他老王，或者王老兄。

为了了解见山堂的情况，我们托他介绍一位知情者，试图从与王尽美家关系密切的见山堂这里进一步了解王尽美的事情。

给老王打电话时，他正在枳沟集上卖柿子，说一时回不来。

我们就想趁机去前张仙采访王木匠。又打电话给王丰须，问五木匠回来了没。结果，王丰须的手机无人接听。

三

我们正在李善周家吃着饭，老王打来电话告诉我们，知情人找到了，他们正在一起喝酒，让我们下午过去。

我们到了老王家后，他与知情人正坐在院子里喝茶，平时很少说话的老王，此时的话也多起来。

知情人叫李方太，七十多岁，大北杏村人，先前曾在队上干过队长。

李方太说到见山堂有个外号叫"二猴子"的，曾经当过伪村长，为非作歹，民愤极大。他还把王尽美的母亲刘氏抓去，逼迫她写信劝说两个孙子脱离八路军。刘氏坚决不写，她说，他们有胳膊有腿的，在哪里我怎么会知道，要杀要砍怎么办都行。

李方太还说到他父亲与王乃恩曾是小伙伴，王乃恩从小就聪明有主见，他看着哥哥去上学，也嚷着去上学。由于家里条件不允许，只好让王乃征上学，他在家帮着干农活。

为了打鬼子，他十五岁时就瞒着家里人去参加了革命。第一次被家里人追回来。第二次又跑了，奶奶就派人去南山里找，也没找到。过了年开春时，他回到了村里，进行地下活动。为了防止鬼子和土匪进村抢劫，王乃恩把李方太他父亲这些青年组织起来，打更看门，夜间轮流站岗。要是来了鬼子，就赶紧吹口哨，组织村民往南岭躲；要是来的是土匪，就敲锣。有一天深夜，土匪来了，窜到他家那条胡同里，还没等进户抢掠，李方太的父亲抢先敲起了锣，村里的青年立马就从四面八方赶过来，朝土匪扔手榴弹，打土炮，把土匪赶跑了。全村人都很高兴，争着参与护村任务。王乃恩把他们组织起来，统一管理教育，有的还入了党。

后来，王乃恩走了。不久，他哥哥王乃征回到村里，把妻子臧校先和弟媳妇曹健民领去参加了革命。村里闹土改时，曹健民又回到村里待了一段时间，领导村里的妇女做鞋、烙大饼，支援前线。不久，她就走了，再没回来，听说去南方找王乃恩去了。新中国成立后不久，刘氏被政府接到济南养老去了。从此，村里就没了这户王家人。

从老王院子里出来，太阳刚偏西，离天黑尚早，我们就爬上乔有山。在山的西坡处，看见一处破屋。我们想起王乃恩在《我在山东莒北地区参加革命活动情况的回忆》中写道：为了避开敌人的耳目，有时到我村东南岭上的一处破房子里开会。

想必，那时的破房子就是如此模样吧。

我们站在山顶，想体验下当年王尽美站在上面时的心境。

时代变了，周围的状貌也变了，人的心境自然也就发生改变。此时，我们内心既没萌发临风吟诵的豪情，也没因"沉浮谁主问苍茫""铮铮乔有看沧桑"而慷慨激昂。

我们放眼南望，望着水库周遭走过的那些村庄：后张仙、前张仙、窑头村、庙后村、西云门、前云门、辉沟子、东云门、李家北杏，又回到大北杏村。

我们一路走来，正好围绕着水库走了一圈，从起点又回到了原点。

今天的原点，又将成为明天的起点，因为我们的探访还在路上。

走进张仙王氏家族

2018年10月21日上午，我们又去了前张仙村。经过近两个月的期待，终于见到了五木匠。

那天正好是前张仙集，集上的人虽然不多，但对于寂寞的莒北而言，可以用热闹形容了。李霞更是感到新奇，"村集对我而言是新鲜事。不是说没见过，而是很多年没见了。现在有时做梦，还去赶小时候故乡的村集""再次见到，所谓的'新鲜事'，不过就是不经意间同时光烙痕的一次邂逅罢了"（李霞《集》）。

我们在集上找到了王明诚。尽管他已经八十多岁，身体却很硬朗。我们跟着他走进公路东侧的一处宅院。由于子女都在外地工作，四间大屋只住着他和老伴，陪伴他们的是一院的蔬菜，绿油油的呈现出一片生机。

我们说明了来意。王明诚说，他虽是续谱的总牵头人，但收集族人资料都由包片人负责，他对王尽美家族并不了解。

我们问谁负责后张仙那片，他说是王正民，住在五莲县城。我们向他要了王正民的手机号，当即拨通，电话里，王正民热情欢迎我们去县城采访。

我们想从族谱上查找王尽美家的宗亲关系，王明诚说他找个人帮我们查。他给一个叫王钢民的人打了电话，很快，王钢民就开车过来了。他与王明诚都是族谱续谱成员之一。

李晓与王明诚（中）、王钢民（左）

当王明诚从一方盒里拎出《张仙王氏族谱》时，我们吃了一惊，没想到它竟然是砖头厚的两册。上册主要是血亲图，详细地分列出一个个明晰的血亲关系图。下册主要是世系录，是对族人的简略介绍。

"（族谱）分上下两卷，共两千多页。这在族谱中算是大工程。""以往于族谱的印象，无非宝塔式树系结构里，一列列世系呈现……它更像极有价值的'书'，而非简单罗列的族谱制作。""历代见于国史方志的族人，在世系录中都会或详或略提及。内容牵涉纪念图片、事迹、传略、科研成果、著作、荣誉、忠义节孝等。"（李霞《族谱》）

《张仙王氏族谱》起续于始祖王良臣。王良臣原是三槐堂十五世孙，元至正年间生于江苏海州当路村（今属连云港市海州区花果山街道），为了躲避战乱，于明洪武二年（1369年）沿海北上，定居莒州张仙村，后"客于夏指挥家赘为婿而家焉"。随着家族的不断繁衍壮大，陆续外迁。其中：六世祖王舜枝迁居张仙村的村后，后自成村落，叫后张仙村。到了九世祖王琳时，又从后张仙村迁居大北杏村。到了十五世时，王炳华又迁住大北杏村，王省三、王宝三也从窑头村迁居大北杏村。张仙王氏族人共分为前三支和后三支，前三支为前张仙、窝疃、窑头黄龙汪、长老村、邢家沟、泥沟河、官山沟、吴家官庄，后三支为中村、后张仙、赞子崖、仲崮、大北杏村、崖头。

张仙王氏家族的脉络就像藤蔓一样，从张仙村往四周蔓延开来，在莒北这块土地上繁衍出了一个个村落，构筑成了一张张王氏宗亲网，它们彼此勾连、相互攀附，又一脉相承、生衍不息。二十多代人的悲欢离合、成千上万家庭的盛衰荣辱、六百多年的风风雨雨，最终凝聚于这部族谱中。

"（族谱）外面有特意为它定制的书型盒，保存可以纤尘不染。每次打开，取书，就小小仪式般先有了珍待之心。"（李霞《族谱》）

王钢民郑重地打开了族谱，引领我们进入了这个大家族。他根据索引翻查着土尽美家的血亲图，很快查找到了 59 页、76 页、158 页、492 页，

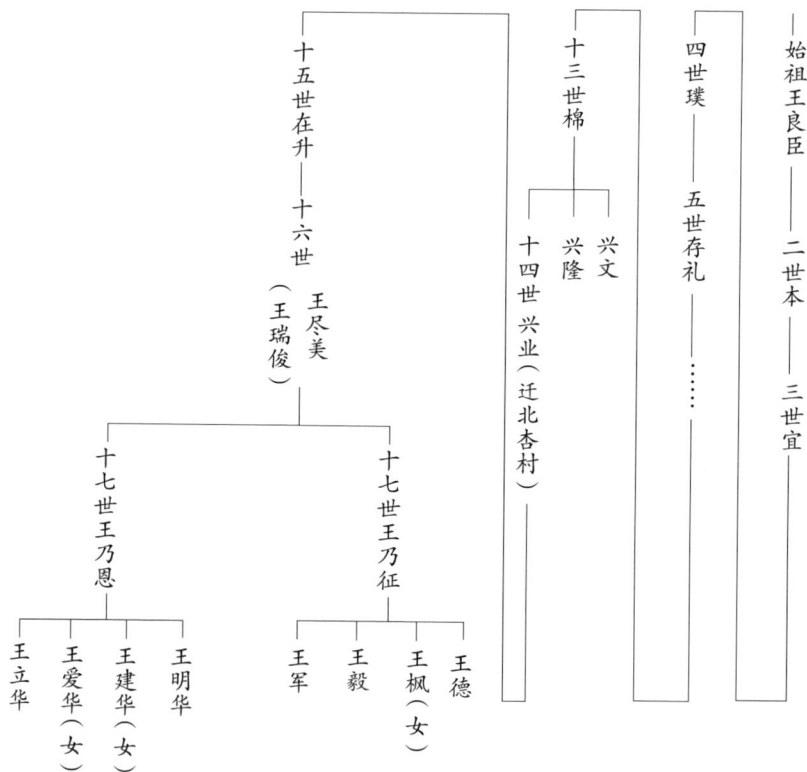

始祖王良臣 — 二世本 — 三世宜

四世璞 — 五世存礼 — ……

十三世棉 — 兴文、兴隆 — 十四世兴业（迁北杏村）

十五世在升 — 十六世 王尽美（王瑞俊）

十七世王乃恩：王立华、王爱华（女）、王建华（女）、王明华

十七世王乃征：王军、王毅、王枫（女）、王德

一幅脉络清晰的血亲图呈现在我们眼前。

岁月的时光在族谱中随着书纸的翻动而不断呈现与变幻着，一行行文字也蠕蠕动动、起起伏伏，变成了熙熙攘攘、绵延不绝的人流，就像大江大河奔涌不息。

王乃征

王乃征（1919—2009），山东省诸城市枳沟镇大北杏村人。1937年10月加入中国共产党，1938年7月参加八路军。历任干事、连长、营长、东北军区军务处队列科科长、沈阳军区司部军务处处长、沈阳军区司令部军务部部长、吉林省军区参谋长、副司令员、正军职顾问等。1983年8月离职休养。

王杰

王杰（1923—2012），原名王乃恩，山东省诸城市枳沟镇大北杏村人。1939年4月加入中国共产党，先后在莒县多个区任区委领导。后任浙江义乌县委组织部长、纪委书记，县委书记兼武委会主任，浙江省委组织部党员管理处副处长等职。1962年调上海，任中共中央华东局组织部组织处副处长，后任上海交通委副书记、纪委书记，交通办副主任等职。1986年3月，任上海市顾委委员。

王尽美的祖父王兴业兄弟三人，他最小。他家是从他这代从后张仙搬迁到的大北杏村。王兴业没有想到的是，他这次搬迁竟然成就了一个家族、一座村庄、一处地域。在20世纪的今天，以大北杏村为圆心的方圆几十公里、几百公里，甚至上千公里的土地上，都在抒写着王尽美这位"党史开先卷"的革命家的名字。

王兴业之所以举家投奔大北杏村的见山堂，是因为见山堂与他们是同村同宗，见山堂也是从后张仙村搬迁至的大北杏村。见山堂通过几代人的努力，发展成了村里的地主。

见山堂后来分家分出一个冠山堂，户主是王介寿。因为王尽美家种的土地分给了王介寿家，所以他家又成了冠山堂的佃户。

于是，我们又查看了冠山堂的宗亲图，想从中了解王尽美家与见山堂、冠山堂之间的宗亲关系。很快，王钢民帮我们把见山堂的血亲图找了

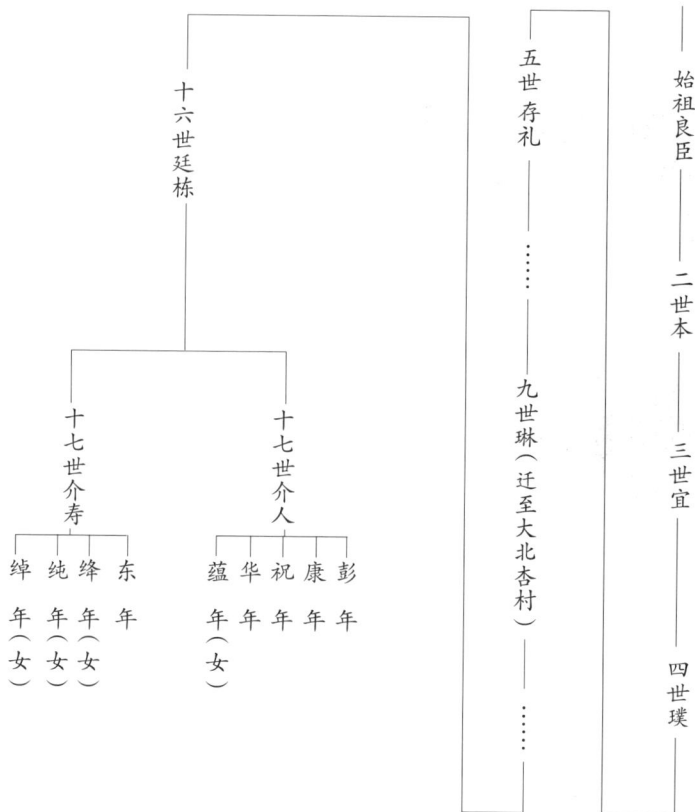

始祖良臣 —— 二世本 —— 三世宜 —— 四世璞

五世存礼 …… 九世琳（迁至大北杏村）……

十六世廷栋

　十七世介寿：绅年　纯年（女）　绛年（女）　东年

　十七世介人：蕴年（女）　华年　祝年　康年　彭年

出来。

王东年（1915—1971），山东省诸城市枳沟镇大北杏村人。1937年10月与王乃征、王遇民等人成立大北杏村党支部。后任莒南县长、诸沂边工委书记、诸莒边县长、滨北专署专员、苏州市市长。新中国成立后，先后任国家统计局办公室主任、秘书处处长，对外经济贸易部技术合作局局长，中国科学技术协会书记处书记。

王东年

由血亲图可知：

王尽美家与见山堂五世祖同为王存礼。见山堂是九世祖王琳，从后张仙村迁至大北杏村，比王尽美家早到了六代。

见山堂的王介人与冠山堂的王介寿是亲兄弟，他们为十七世，比王尽美低一世，王尽美为他们叔辈。

在见山堂的族序中，我们发现王介人的父亲王廷栋那一辈，兄弟大排行竟达三十二人之多。当时大北杏村的十几户大地主，多数出自张仙王氏家族。村内冠山堂、见山堂、崇山堂、三槐堂、六合堂、八圆堂、五福堂、世和堂、谋耕堂、二吉堂、三星堂、四言堂、七星堂、前祠堂、一星堂、松茂堂等众多堂号，在大北杏村这块土地上矗立起一座座深宅大院，彰显着张仙王氏家族的显赫。

我们在见山堂族序里，还发现了王东年、王盈、王道这些革命家的名字。

追本溯源，王盈是十七世，王东年是十八世，王道是十九世。

大北杏村张仙王氏家族的宗亲关系就像树根一样，盘根错节、深深植入脚下的土地。正因为如此，才参天而立、枝繁叶茂。家族之间，既独立又依附，既争斗又互助，这就是当时封建家族的真实形态。王尽美家族作为张仙王氏这棵大树上的一个分支，自然不能置身事外。王尽美从出生到逝世，一直与这个大家族有着关联。因此，只有更多地去了解后张仙王氏这个大家族，才能更好地去研究王尽美。

在翻阅世系录时，发现了几位与王尽美有交集的家族人物：

王乃昌，第十七世，字希朋，生于崖头村，光绪庚子辛丑科举人，曾担任山东财政厅秘书、教育厅科长、山东省议会会员等。

王隆策，第十七世，字云樵，廷榆四子，大北杏村人。

王仁之，第十七世，1896年生于窑头村，曾在枳沟上高小，1920年毕业于山东省立一师，后到枳沟高等小学任教。

王乃揆，第十七世，字韶石，1898年生于崖头村，毕业于山东省立一师。

王秀之，第十七世，1905年生于窑头村，1914年至1922年，先后在枳沟高小和莒县高小读书。

从上面介绍中可以看出，王仁之、王秀之与王尽美同在枳沟上过高小。尤其是王仁之，他不仅与王尽美年龄相仿，还一起上过枳沟高小、省立一师。王乃揆与王尽美是同龄，都毕业于省立一师。

王乃昌在济南政府部门任过职，王尽美与他既是同宗又是老乡，他们之间有过交往。荆树基在《和王尽美同学在一起的时候》提到：王尽美在被学校开除后，曾在"社会教育经理处"经营进步书籍，他有个老乡在教育厅任职。他说的这个老乡就是王乃昌。

王乃昌，字希明、石朋，张仙王氏十七世，王琳后裔，五莲县汪湖镇莫家崖头人。光绪二十八年（1902年）举人，与王练、王者宾以"祖孙三代举人"名重当地。民国初任山东省立第一师范学校教员。为民国时山东著名学者、教育家和社会活动家。1922年6月，与省教育厅厅长谭孝方等筹办山东历史博物展览会，王乃昌任博物展览会审查部的历史审查员。后任山东省教育厅科长，财政厅秘书。王乃昌承家学，淹灌经史，工于文翰。他十分重视教育，曾在本村办学塾。

据记载，王尽美之所以去济南求学，还有一个原因是济南有亲戚朋友，当时的济南律师公会副会长王云樵，是他的同乡本族，称王尽美为小叔。王云樵具有强烈的反封建、反军阀意识。

王盈

王盈（1915—1986），山东省诸城市枳沟镇大北杏村人。1938年参加八路军二支队，1939年加入中国共产党。1942年到1944年，先后任沭水、日照、莒北等县妇救会副会长。新中国成立后，到青岛市妇联工作，1951年任青岛市妇女生产教养所所长。20世纪50年代后期，先后任青岛市司法局副局长、市立医院第二护校校长。1963年任山东省卫生厅计划生育委员会办公室副主任。

王道

王道（1902—1957），原名王征绂，1902年出生于诸城市枳沟镇大北杏村。1937年，回到家乡组织游击队抗日。1944年7月，他在八路军配合与帮助下，率部两千多人投奔八路军。历任鲁中南军分区司令员、青州警备司令等职。新中国成立后，历任山东政协常委、山东省体委主任等职。1957年10月病逝。

差点错过颂德碑

颂德碑是1999年当地政府为王仁之所竖立，此碑在窑头村北面的翁山脚下，在睢阳公路东侧五六米处。我们来来回回从这里走了数趟，但每次都与它擦肩而过。要不是我们在窑头村遭到当地干部的盘问，也许还不知道它的存在。

2018年11月3日，我们去五莲拜访完王正民回返途中，绕道去了窑头村。窑头村有许多石头垒砌的老屋，古朴、憨实，让我们难以忘怀。这是

窑头村老宅

我们第三次来这里，前两次都是匆匆路过。这次，我们想把晨景暮色中的石头屋拍摄下来，让更多的人感受老村落的传统文化之美。

窑头村属于高泽镇，在七宝山西麓，地形为丘陵，沿窑头河两岸立村。它南临皇龙汪，西至张老庄，南靠金线头，北接前张仙。据《王氏族谱》记载，明嘉靖年间，王姓自邻村张仙迁此立村。因村东南土崖上有木炭窑遗址而得名。村里有集市，农历一、六逢集。1984年4月至2000年12月，它曾为七宝山镇政府驻地。现在，在睢阳公路北边还遗留一些八九十年代的厂房与公家单位遗址。

因窑头河从南至北流经村子，村落被分为河东与河西两部分，河东部分的房屋只有村前是石屋，其他多为新盖的砖瓦房；河西部分以老石屋居多。随着日薄西山，我们眼前逐渐呈现出一种老屋、古巷、昏鸦的意境。

从河西走到河东，穿街过巷，我们流连忘返于石屋之间，不停拍照，引得行人驻足观看。他们听说我们来自诸城，是诸城王尽美研究会的，来

颂德碑

这里采访有关王尽美的事情，就告诉我们，村北的翁山下有块王乃征竖立的颂德碑。

我们听后，如获至宝。虽然夜幕开始降临，依然驱车前往。

颂德碑在窑头村北面的睢阳公路东侧，连底座高约三米。

我们用手机的手电筒照射着，仔细查看着石碑。这是王乃征于1994年为王仁之先生竖立的。

碑的正面是王玉宽撰写的碑文：

王寿山先生，名仁之，一八九六年生于莒县窑头村，青年学生时期同王尽美一起积极参加五四新文化运动。一九二〇年毕业于山东省立师范后到枳沟高等小学任教，后任莒县城高等小学校长、莒县教育科督学员及教育科长，在这时期与王尽美关系甚密，为促进国共合作和北伐战争作出了积极贡献。北伐战争后毅然弃官从教，矢志致力于科教兴邦的文化教育事业。抗战期间，积极拥护共产党倡导的抗日民族统一战线，直到新中国成立后仍从事教育工作。先生为振兴中华民族的文化教育事业竭忠尽智，功绩卓著，先后亲手创办了窑头、管帅、汀沟、源河、河南、大郭村、苑头等十几处学校，为国家培育了大批栋梁之材。先生一生追求革新和进步，爱国爱民，心地光明，治学严谨，多才多艺，笔墨传神。先生的功绩先后载入莒县县志，以志永世纪念，名垂千古。学生王玉宽撰书。

公元一九九四年清明穀旦敬立

碑的背面是王乃征的题词：寿山老人勤奋一生，为家乡教育作出贡献，堪称楷模。甲戌秋乃征敬题。

此后，我们又多次到窑头、后张仙、赞子崖等村进行采访，对王仁之与王尽美的交往有了大致了解：王仁之与王尽美在枳沟上高小时就认识，一直保持着交往，还一起进行文化运动的宣传与演讲。后来，他与王尽美先后考入省立一师。五四运动爆发后，他们又一起在窑头、后张仙、赞子崖等地方宣传与鼓动乡民抵制洋货。1924年夏天，王尽美以国民党山东临时党部执委的身份，到诸城指导国民党诸城支部工作时，还与王仁之、王乃瑞、王秀之、王俊之等一起在莒县多地进行"反对军阀统治、建立国共统一战线"的宣传活动，并着手筹建莒县国民党组织。抗战时期，王仁之还支持王乃征进行抗日活动。

一封让人遗憾的信

据《张仙王氏族谱》记载：王庆增，后张仙村人，生于1899年，十六世，后张仙村人，共有三子：王守第、王守策、王守亮。

我们找到王庆增的孙子王锡丰，他从小就跟着王庆增住。

王锡丰，十八世，王守第次子，1950年生人，曾在汪湖供销社工作，现已退休，居住在后张仙村。

李晓、李霞采访王锡丰（左）

2018年11月20日，我们在后张仙村他家中对他进行了采访。

王锡丰说，之前，他爷爷从没说起过王尽美的事，自从20世纪70年代县上找他了解王尽美的情况后，他才陆续开始对王锡丰讲一些王尽美的事。

王庆增从小与王尽美是好伙伴，每当王尽美跟奶奶或者姑姑回后张仙，都要喊他过去玩。一年夏天，王尽美给地主家的孩子当陪读受了欺负，就跑回来找他二爷爷王兴隆，晚上王庆增陪他睡在王兴隆河边的瓜棚里。王兴隆让王尽美背书听，王尽美背道：人之初，性本善，小祥孩，大坏蛋。王兴隆听了，把他好一顿训斥，第二天就把他送回大北杏村。

王尽美去济南上学后，每当过年来后张仙做客，都叫王庆增过去说话，向王庆增讲他在济南的事。五四运动那年，他来到后张仙村，动员王庆增与他一起召集村里人到集上做宣传，劝说老百姓不要买日本人的东西，说日本人是强盗，他们要霸占青岛。后来，附近的窑头村、赞子崖等几个村的一些人也加入他们的宣传队，他们从早到晚在附近的村子做宣传。那时，王尽美吃住都是在王庆增家里。

王尽美常给王庆增来信。有一次他来信告诉王庆增，他把自己的名字由王瑞俊改为了王尽美。信里还写有一首诗，这首诗很可能就是我们现在看到的《肇在造化——赠友人》。据说，这首诗本来没有题目，是李又罘后来给加上的，题目取自唐代诗人王维《山水诀》中的"肇自然之性，成造化之功"。李又罘（1908—1976），字光郿，山东诸城人，画家，曾任沈阳故宫博物馆馆长兼东北工艺美术展览馆馆长、长春文化局副局长、中国美术家协会吉林省分会主席等职。他曾在积沟高小上过学，与王尽美是校友，他后来写了一些回忆王尽美的文章。

新中国成立后，五莲党史部门曾去了解过这封信，还在王庆增手里，但当时没对这封信进行收藏。后来，诸城党史部门也曾去大北杏村查找过这封信，却没打听到王庆增这个人。

我们问王锡丰是怎么知道这封信的。他说，有一年我三叔（王守亮）从外地回家，曾向我爷爷问起这封信，说王尽美的儿子王乃征对这封信很重视，让他好好保存着。

我们问这是什么时候的事。他说，应该是六七十年代，当时三叔还是在我村的大队部给王乃征打的电话，我就在一旁。他在电话里对王乃征说，组织上给他少报了一年的党龄，让王乃征给他出个说明。

王守亮，生于1928年，1942年参加莒县县大队，曾经跟王乃征参加过抗日。1946年参加了解放军，一直干到师长，后转业到公安系统任职，曾任山东省公安厅副厅长。

让人遗憾的是，这封重要的信件竟然没引起人们的足够重视，以致让它随着1974年王庆增家的那场大火，连同王庆增以及他的房屋都付之一炬。

"革命党"王新甫

我们对王新甫的探访，从2018年9月14日就已经开始了。

我们先是到西安村采访了村里的几位老人，在他们的介绍下，与王新甫的后人王启娟取得了联系，她给我们提供了一些线索，又帮着联系上了王启光。王启光是王新甫三弟王尧年的孙子。

李晓采访西安村村民

从他家族谱上得知，王瑞年，又名王新甫，字信甫，兄弟三人，为瑞年、橘年、尧年。先后娶杨家洼臧氏、小湖李氏、赵庄鞠氏，生子一人，为王家栋。生女四人，长女适大北杏村王氏，次女适大北杏村王征绂，三女适韩家庄胡云坊，四女适某村杨德山。孙一人，为王启文。王启文在其父王家栋去世不久，就离家出走，下落不明。由此可见，王启光算是与王新甫关系最近的在世之人了。

王启光住在济南，他给予了我们很大支持，多次返回家乡，帮我们联系知情人。2018年11月10日上午，他回到西安村，召集村里的几位知情人，在他家的老宅接受了我们的采访。

受访人：王为泊、王法秘、王法瑞、王启光等六人。

李霞、李晓与被采访人合影

"秋末，上午，天气依然有些燥热。我们的采访，设在诸城西安村一户人家的院子里。"（李霞《传承意义之所在》）

通过这次采访，王新甫的大致情况得以完整呈现。

王新甫于清光绪四年（1878年）出生于西安村的一个中小地主家庭，他父亲王子缙早些年做过地方上的小官吏，十分注重对子弟的教育与培养，先后供王新甫和王尧年去济南上学，王新甫考入济南法政学堂，王尧年考入济南农林学堂。当时济南法政学堂的监督孙松龄是同盟会会员，教员丁惟汾、丁世铎等也都是进步的资产阶级革命者，这里活跃的资产阶级革命思想对王新甫产生了影响。

他从济南法政学堂毕业后，先是在大北杏村一家王姓地主家当塾师。1912年，诸城独立后，被诸城劝学所所长王炜辰任命为诸城县西乡劝学员。王新甫率先垂范，于1912年回到西安村，在村西的一座庙里办起诸城西乡第一所新式小学。他为了劝学，经常骑着毛驴奔走于西乡各村，游说各村的乡绅望族出资兴办学堂。在他的带动和游说下，诸城西乡的东安、南老、无忌等村都先后创办起了新式小学。

1912年的春天，大北杏村开办起了大北杏村初级小学，王尽美转入四年级学习。因为他品学兼优，在学生中很有威信，被学校指定为大学长。那时王新甫常来学校做客，畅谈对时局的看法，讲一些外界的新事物和革命道理，王尽美对他十分崇敬。当王新甫父亲去世时，王尽美以大学长的身份带领学校的学生前去参加悼念活动。

李又罘在《回忆王尽美》一文中写道：在一个明朗的春天，我们枳沟小学和大北杏村小学的学生都到西安村为王老师的家长吊丧。大北杏村小学的队伍就是由王尽美带领去的。他身材高大，头戴瓜皮帽，脚穿自家做的布袜布鞋，身着月白色瘦长贴身的大褂，胸前戴着一朵蓝纸花。他长脸大耳，眉目清秀，神采奕奕。他用响亮的口令调动和指挥着学生队伍，他们的队伍井井有条。吊罢，我们坐在一个桌子上吃饭。大北杏村学校的同学都喊他为"大学长"，我也跟着喊他"大学长"。虽然是初次见面，但好像是老熟人一样。

1913年，枳沟街办了一所乡立高等小学，王新甫应邀前去任教。这年，王尽美从大北杏村初小毕业，就读于枳沟高小，王新甫成为他的任课老师，也成为他的革命启蒙老师。

王新甫开明进步，经常与学生们一起讨论国家大事。辛亥革命失败后，中国进入了连年混战的北洋军阀统治时期，面对国家的前途命运，许多人感到彷徨和迷茫，为此，他专门召集了师生讨论"中国将向何处去、出路在哪里"的问题。

他还十分关爱学生，经常对家庭贫穷的学生予以帮助。除了争取给他们减免学杂费，还帮他们买学习用品。他的学生李泽仓至今还保存着一块砚台，这块砚台就是当年王新甫买给王尽美等家境贫穷的学生用的。

王新甫还是当地有名的乡绅。当时在西乡流传着"信甫嘴，仞三字，晋甫腿，锡甫笔"这样一句话，说的就是王新甫、英村王树城（字仞三）、枳沟李杏元（字晋甫）、牛家官庄徐锡甫他们四个人。徐锡甫是当地有名的讼师。王树城是清末廪生，同盟会会员，书法很好。李杏元是个老邮差，他儿子李又罘后来成了知名画家。他另一个儿子李光都，曾与王乃恩一起主持过共产党莒县四区的区委工作，王乃恩任区委书记，他任宣传委员。他利用父亲干邮差的有利条件开展地下工作。

王新甫从事教育多年，培育出了许多优秀的学生，王尽美、王东年、王俊洲、王幼农、王连芬、王道、张希贤等，后来都成为革命者，王尽美是其中最为杰出的代表。

王新甫到了晚年，因病缠身，闭门谢客，有时让儿孙抬到街上看看外面的光景。他一生最喜欢看的小说是抱瓮老人所编的《今古奇观》；常写的字是：矮檐下，低头思之；内言之，学士问之；堂屋里常挂的条幅是：静坐常思己过，闲谈莫论人非。1945年秋天，他因病去世，享年六十八岁。

采访时，有知情人说，王新甫曾于1912年在大北杏村教过初小，这也是他在大北杏村有那么多学生的原因。为此，我们与党史有关专家探讨过这个问题，最后认定：1912年，王新甫没有在大北杏村初小教过学。理由有二：一、从王新甫教学履历看，他于1912年被任命为西乡劝学员，并且当年又回到家乡筹建西安小学，根本就没有时间在大北杏村教学。二、当时的大北杏村初小虽然是由本村乡绅出资合办，但是公立学校，属于莒县教育部门管理，不可能任用外县人员任教。

至于王新甫为什么常去大北杏村初小，有如下原因：一、由于大北杏村特殊的地理位置（离莒县县城远，离诸城县城近）决定了其与诸城打交道（包括村民、村务、教育等）要多于莒县。二、王新甫在大北杏村教过几年私塾，与大北杏村民建立了良好的关系，也产生了诸多的交集（包括后来他的两个女儿都嫁到了大北杏村）。三、他当时又是诸城西乡的劝学员，常去大北杏村初小是为了进行教学交流。

采访结束时，已近中午，午饭就在王启光家里与被采访者一起吃。吃饭时，话题还是围绕着王新甫展开，他们还提供了王新甫的三个故事。

第一个，走远路要穿旧鞋。

王新甫当劝学员时，整天骑着毛驴早出晚归，奔走在西乡的各个村庄，苦口婆心游说着各村的乡绅兴办新式学校。王新甫有个随从叫王永汉，有一次，当他听说要跟着王新甫去牛家官庄拜访一个豪绅时，怕自己穿戴不整给王新甫丢了脸，特意穿了一双新鞋。王新甫看到了就让他脱下来，换上原来那双旧鞋，说穿新鞋赶不得远路。王永汉就把自己穿新鞋的原因告诉了王新甫，王新甫批评他说，你不能为了我的体面而让自己的脚受罪啊！

第二个，帮着穷人写诉状。

在那个动乱的社会，老百姓处于水深火热之中，有屈无处诉，有冤无处申，王新甫常帮助那些无助的父老乡亲申诉冤屈，匡扶正义。有一次，他去诸城办事，遇到一个因败诉而痛不欲生的穷人。他问明白原因之后，给他写了诉状，又通过疏通关系，最终打赢了官司。他尽心尽力帮助弱势群体打官司，虽然赢得了乡民的爱戴，却也触及了当地一些包括讼师徐锡甫在内的当权者的利益，导致对他不满，甚至是愤恨。

第三个，用斗志验人心。

当时由于民不聊生，村里许多人家吃喝都困难，这导致本来和睦相处的乡邻、亲戚，因利益而尔虞我诈。那时村民之间相互买卖、借贷粮食都是用斗来称量，有些心术不正之徒就在斗上做手脚，以致产生诸多纠纷。为此，王新甫特意找出一个称量准确的斗，当因称量粮食而产生争议时，就用这个斗来验证。人们称这个斗为"志心斗"。

重走采访路

一

2018年11月10日的上午，诸城王尽美研究会通知，让我们下午陪同王军会长去趟我们采访过的地方。

王军是王尽美嫡孙、王乃征之子、诸城王尽美研究会副会长，现已退休，住在沈阳。他经常被邀请回到故里参加各种活动，每次回来，日程都安排得很满，能在百忙之中参与我们的活动，将是对我们的肯定与支持。

此时，我们正在西安村进行采访，约定下午两点在大北杏村社区会合。

对于下午的行程，我们进行了规划：从大北杏村社区出发，往东，绕着墙夼水库转一圈，主要走访几处与王乃征有关的地方。虽然这次探访的是王尽美，但在探访过程中，我们常听到有关王乃征、王乃恩的事迹，这说明王尽美的革命精神已经传承到他后人身上，他们的革命足迹早已烙印在莒北这片土地上。

王军会长曾介绍说，抗战时，他的父亲王乃征领导的北杏党支部就在莒北一带发动群众、宣传抗日、抗击日本鬼子。由北杏党支部与莫正民部共同发展的抗日队伍，从原先的三十多人发展到三千多人，成了这一带重要的抗日武装。他叔叔王乃恩还曾任莒县四区的区委书记，领导大北杏村这一带的党组织秘密开展抗日活动。他母亲臧校先、他婶婶曹健民也在这一带进行过革命。可以说这里到处都留有他们王家人的革命足迹。

我们之所以选择从北杏社区出发，是因为大北杏村既是我们采访的起点，更是王乃征、王乃恩、王东年、王盈、臧校先、曹健民等革命者走向革命的起点。

王军在《永远的父亲》中写道："1937年秋，抗战形势趋紧，曲师停课，父亲返回大北杏村。回到家乡后，父亲与大北杏村的一批同学，包括王东年、王遇民、王家馨等人组织了读书会，每天阅读报纸，也看一些《世界知识》《大众哲学》等。此时，这些知识分子们内心并不平静，国难当头、民族危亡，今后怎么办……经过讨论，大家的认识逐步统一，共产党的主张有道理，只有它才能救中国，于是大家决定投奔充满希望和活力的中国共产党。但此时大家并不知共产党在何处。后来有人提出，我父亲是老共产党员王尽美的儿子，应该能找到共产党。父亲决定，去找王翔千先生。

"1937年10月上旬，父亲赶到诸城相州的王先生家。在王先生家中，恰遇他的大女儿王辩，她是和祖父一起参加革命的老前辈。1932年10月至1937年10月，诸城境内没有共产党的组织，根据党组织的安排，王辩和赵志刚以及共产党员董昆一一家，来山东从事抗日工作，三人在诸城县相州镇成立中共诸城临时特别支部，其间，又领导成立了相州支部。这时，正在苦苦寻找党组织的父亲来到了相州，说明来意后，大家都非常高兴，赵志刚和董昆一当场就向父亲讲解了中国共产党的性质、宗旨和纲领，以及党员的权利义务等。他们着重讲解了党中央最近提出的抗日民族统一战线政策。赵志刚还特意向父亲口述了毛泽东同志刚刚写就的《反对自由主义》等文章的主要内容。然后就介绍父亲加入了中国共产党，那时，父亲年方十八岁。之后，父亲带着党组织赋予发展组织和抗日武装斗争的任务回到了大北杏村。

"父亲回到大北杏村后，立即发展王东年、王遇民和王家馨加入了中国共产党。他们在大北杏村东南岭的青松翠柏上，悬挂鲜红党旗，举行了入党宣誓仪式。后经中共诸城临时特支批准，大北杏村成立了第一个党支部，按照党章的规定，父亲被推选为支部书记，王东年为组织委员，王遇民为宣传委员。北杏支部成立后，即开展抗日武装斗争。1938年1月，我母亲臧校先也加入了中国共产党；随后，叔叔、婶婶都入了党，一家人相继走上了革命道路。"

与她们同样走上革命道路的，还有王氏家族的王绛年（王华）、王纯年、王绰年（王均）三姊妹。王氏家族有十多人走向革命道路。这个家族之所以走出这么多革命者，与王尽美的影响是密不可分的。《中共诸城党史人物传》（第一卷）在介绍王盈时写道："王盈，女，原名王琦兰，1915年出生于诸城市枳沟镇大北杏村的一个地主家庭，自幼性情倔强，勇于反抗，受族叔王尽美的影响，不满封建家庭重男轻女的旧传统，反对封建礼教，追求男女平等。""在王盈的影响带动下，本村的王华、王均、王纯年、王志坤和后水清村的臧善亭（王健）等女同志先后走向革命道路。"

在大北杏村王氏大家族中，出身佃户的王尽美的家庭地位虽然低人一等，但是他的志向与学识却令家族人对他刮目相看。每当他们看到前来拜访王尽美的那些俊杰贤士时，都不由得感叹道：没想到王五竟然生出了这么个有出息的孩子。

对王盈、王东年、王道这些向往新文化、新思想的年轻一代而言，王尽美更是他们学习与效仿的榜样。

二

与王军会长会合后，我们沿着水库周边的乡村公路往东，先到了李家北杏。

李家北杏是见山堂塾师赵锡瑶的村，王乃征在李家北杏开展抗日活动时，在赵家住了四十多天，除了张贴抗日标语、发动群众参加抗日外，还进行练兵、给战士上课、教唱抗日歌曲。有一些歌曲是他自己编的词谱的曲。

当年，他的父亲王尽美就自编自谱一些戏曲进行革命宣传，王乃征可谓深得其父之真传。虽然，王尽美去世时，王乃征只有六岁，难以得到父亲传授。许是耳濡目染，或是基因传承，他在这方面也很有天赋。

李善周，那时还是个十三四岁的少年，目睹了王乃征在他家门前空地上如何练兵、如何教着唱歌的情景，也学会了一些歌曲，到现在还能哼唱几句。

王军（右）与李善周（中）交谈

我们再次见到李善周老人时，他还是像往常一样，坐在自家门楼底下望着外面的光景。

王军会长向李善周详细地了解了当年王乃征在这里活动时的情形，并写进了《永远的父亲》一文："2018年11月，笔者回家乡采访，在李家北杏偶遇一位九十五岁的老人李善周，他十三四岁时，亲眼见过我父亲带着队伍，驻扎在他邻居家中四十二天。他仍清晰地记着我父亲带队操练和教士兵及乡亲们唱歌的情形……"

　　与我们一起交谈的还有李善周的外甥，他五十岁开外，是诸城的一个乡村老师，趁周末时间前来看望姥爷。当他知道王军是王尽美嫡孙时，很惊喜，非要与他留影合照。在攀谈中，他提到儿子在诸城艺术团工作，还在正在公演的大型舞台剧《王尽美》（茂腔）中担任了角色。王军说他这次就是应邀参加这个舞台剧座谈会的。

　　王尽美既是家乡人的骄傲，更是联系乡情的纽带。

　　我们上车时，回望了一眼李善周老人，见他一直在目送着我们。

　　我们朝他挥挥手大声说，我们还会来看他的。

　　他微微点了点头，眼睛里有些湿润。

　　没想到，这是我们最后一次见到他。后来我们又去过那里几次，赵家老宅还像先前那样矗立着，没有变化。但在它西边，与之相邻而居的九十多岁的李善周老人却不见了，先前四敞大亮的大门已被一把崭新的铁锁锁住了。

　　在这寂寞的村子，他在看街上风景的同时，他也成为我们眼中的一道风景。随着每次深入的接触，这道风景越来越富有内涵。可是，它突然在2018年11月10日之后的某一天消失了，留给我们的只是更多的期许与难以割舍的牵挂。

　　我们每每从附近经过时，都会绕到这里来看一眼。

　　2020年12月27日上午，我们为了寻找齐长城遗址，又去了东云门村。在村头，遇到两个六十多岁的男子，他们骑跨在电动车上正热络地说着话，看车把上挂着的青菜，似是刚赶集回来。

　　我们向他们打听齐长城遗址在哪里。一个瘦高个回过头，望了我们一会儿，忽然惊喜地喊道，是你们啊！

　　他见我们有些惊愕，就提示说，你们不是采访过我父亲？在南屋，当时我也在场。

哦，想起来了。

前年，李善周老人坐在南屋里，旁边还坐着一个瘦高个的男子，六十多岁。他自我介绍说，他是李善周的三儿子，从外地回来秋收。

我们急忙问，李善周老人怎么样，怎么看不到他坐在门口了？

他说，老人前些日子在医院住了半个月。

我们要去看看，他说老人现在住在他大姐家。他们再也不让他自己单住了，以后就由他们兄妹几个轮着养。

我们问，老人现在同意轮着养了？他毫不在意地说，不轮着养怎么办？各家都有一大摊子事，谁能出上工夫前来侍候。他又补了一句，老了，不能自己照顾自己了，就要低头。

我们之前就听说，他们早就想轮着养，只是老人不同意，说只要自己能动弹，就不离这老窝。

现在，老人已是身不由己了。

我们虽然觉得李善周的儿子说的有道理，但我们心里还是涌起了一股莫名的无奈与伤感。

好强、倔强的李善周老人，不得不离开守候了近百年的故土，任由子女把自己辗转于异土他乡。

也许在子女那里，会比他单住生活得更好。但是，老人对故土的那份深切的依恋该如何安放？

李善周的儿子热情地领我们去了村西南的长城岭，这是一段保存完好的齐长城遗址。

他热情地向我们介绍着他所知道的齐长城的情况，帮我们丈量着齐长城遗址的长度。临了，又热情挽留我们去他家喝水。

在他的热情中，我们时时想再问问李善周老人的现状，最终还是欲言又止。

问了又会怎样？

在李家北杏村前的齐长城遗址

对大多数乡村老人而言，李善周老人时下的生活状态，是最普遍最正常的一种状态。也许，这是目前最合理的一种生活状态。

三

出了李家北杏村，继续前行，不久就到了东云门村。

东云门村是王尽美父子的老师张玉生的村。由于村里没有张玉生的任何遗迹，我们只好在学校东侧写有"东云门村"的标志牌前合影留念。

再往前走，就到了水库东面的辉沟子村，这是王尽美母亲刘氏的村。这里是库区，老村早已埋没在水库底下了，我们所看到的是搬迁后的新村，自然也就寻不到当年洋教堂的遗迹了。

张兵、李晓、王军、李霞、陈丽丽（左一）在东云门合影

村委没人，我们站在办公室前写有"五莲县高泽镇辉沟子村民委员会"的牌子前合影留念，也算是到此一行。

四

下站是庙后村。

庙后村在水库南面，与大北杏村正好南北相对。到了庙后村，我们没进村里，而是先去了村前。王军会长急迫地想看到王乃征在《我敬爱的母亲》一文中所描绘的情景：村前有条河，河前有座山，山上有座庙，庙后村因在庙后而得名。

他此时迫切的心情，亦如我们第一次来这里一样。

此时的河，此时的庙，此时的村，早已不是先前的河，先前的庙，先前的村了。老村址早已不复存在。在20世纪70年代，为了避涝，村子整体往后迁移到岭坡上。

"眼前的河，瘦成沟一样的模样。一老妇赤脚，蹲在河里石块上洗衣。已不是赤脚浸水的时令，可扛造的老妇已然习惯。小桥西面河水潺潺，东面，汪亮成一湾，瞧不出流动。老妇每将衣物涮摆，涟漪即起。不停涮摆，涟漪就不停起动，起动成一圈圈连环的半圆，是漾荡的水波舞蹈，她是舞蹈不声不响的指挥者。"

虽然这里的老记忆不再，但从李霞笔下的潺潺流水与赤脚浣衣老妇的神态中，依稀还能体味到那个年代遗留下的风情。

山，虽然不会改变，但看起来更像一座岭。山上的庙不是先前的庙了，而是近几年村民集资建成不久的新庙。李霞在《聚仙山上的娘娘庙》中描写道："娘娘庙一面背对村庄，另三面望出去，是一览无余的原野、山峦。所以当我们沿着野间小道越走越开阔，最后略一左拐，高高大大的娘娘庙就出现在眼前，天外来物般，兀自明艳在宽展的平畴间，檐角凌翘，浅紫墙面和廊柱，深红窗扇和台阶，外加两座浅紫高脚香炉，一座刻

在聚仙山

写'国泰民安'的灰白色双耳四足大方鼎。"

看庙的是一位老人，他热情地向我们介绍着有关庙，以及与庙有关的一些传说。他说这山之所以叫聚仙山，是因为每年除夕之夜，附近的神仙们就会聚集到这里。那夜，村民就会"瞅见从南至北迤逦而来盏盏明灯，在娘娘庙上空飘摇，颇多仙气。于是庙殿前面，乡民特意辟出大块平地，供仙人们来此驻脚，把酒言欢，护佑村人康安"。老人指着东南一处山说，那是烽台子（山），点燃烽火的。他又指着西南一处说，那是点将台（山）。当年，瓦岗军起事时，罗成就是在那里点的将。

我们笑着问王军会长，当年王乃征革命老前辈是否也在点将台点过将？当然，他点的不是草莽英雄的将，而是满腔热血、保家卫国的那些抗日勇士的将。

我们想去村里拜访李永华老人，但他还是不在家。

下站去窑头村。

按说我们应该按照原路返回，沿着睢阳路往西，过了七宝山，就是窑头村了。但我们不想走回头路，想一直往前走。条条大道通罗马！

路人告诉我们，一直往前走也可到达窑头村，只是都是山路。

车行进在崎岖的山路上，弯弯曲曲、起起伏伏，夕阳如霞。

王军会长问这一带是不是五莲山。他没去过五莲山，只是常听母亲提起。

母亲对五莲山一直充满感情，她们的队伍当年就在五莲山区打鬼子。鬼子集中多路人马，想"剿灭"她们的抗日队伍，她们就躲进五莲山里与鬼子转圈圈。昼宿夜行、风餐露宿，虽然十分艰难，但是她们斗志高昂。她母亲说多亏了山里的乡亲，他们宁可自己挨饿，也要省出粮食送给抗日队伍吃。

王军会长说到这里忽然动情地说，母亲生前有一个愿望，想死后埋在五莲山里，再回到她曾经战斗过的地方。

他低沉而又悲伤的话语，消失在苍茫的山色里，让我们闻之，心中蓦然生出一种悲怆与感动。

我们望着被晚霞涂抹得色彩斑驳的荒秃山野，忽然想到，这里，连同它南边的五莲山区，当年都经受过战火的洗礼。这些苍莽的山岭，当年都曾用自己的伟岸之躯为革命战士遮挡过敌人的枪林弹雨；这些苍莽的山岭，当年都曾用自己贫瘠的乳液哺乳革命战士的生命。而今，这里虽然依旧贫瘠荒凉，但它们的躯体还在散发着热量、它们的血液还在沸腾着。只要信念在，只要追求在，只要不忘初心，这片洒满革命鲜血的山岭，这片植入红色基因的土地，在不久的将来，将会焕发出新的生命力。

到达窑头村后，虽然已是暮色四合，我们与王军会长还是来到颂德碑前，在手电筒的光亮里全神贯注地一字一句地看着碑文，似乎这一字一句就是一个又一个血与火的故事。

我们又在碑前留影合照。虽然天黑，照片底色呈暗色，但我们的眼睛是明亮的，表情是生动的，石碑是醒目的。

回到城里，已是灯光璀璨。在饭桌上，王军会长的情绪似乎还萦绕在那片土地上。

杨家洼的郑明淑

一

从炎热的酷暑，到清凉的秋季，再到寒冷的冬季，悄然不觉中，我们的采访已经进行了三个月。三个月中的二十五次探访，我们几乎把莒北与王尽美有关联的地方都触及了。采访即将结束之际，党史部门给了我们一张照片，照片上坐着一个中年妇女，她左边站着一个十几岁的男孩，右边站着一个七八岁的女孩，王乃征在照片上标注为：杨家洼大表姑。王乃征所指的杨家洼大表姑就是王尽美的表姐郑明淑。

党史部门让我们找郑明淑的后人甄别下，照片上的妇女是否就是郑明淑。

我们对郑明淑的了解主要来自《王尽美传》（1998年红旗出版社出版）的介绍。

"（王尽美）姑家有个表姐，比王尽美大一岁，属鸡，她在很小的时候曾在王尽美家住过几年，给王尽美做伴。两人感情深厚，好像一母同胞。因受封建礼教的束缚，表姐不能上学读书。王尽美在枳沟读书期间，每当在姑母家过夜，就教她识字、写字，还把一些外界的新事讲给她听，使这个普通的农家女子学习到了许多文化，明白了许多道理，境界跟一般农家女孩不同，到后来竟能读佛文，看《西游记》一类的小说了。她出嫁时，王尽美送给她一床被面，还特意送上他读过的《左传》让她自学。王尽美从苏俄回国后，兴奋地向她介绍了世界上第一个社会主义国家的情况，还把俄国朋友送他的一床毛毯和一个铝制饭盒赠给她。

"这毛毯与饭盒，她视为王尽美的化身，一直珍藏着，在战乱频发的年代，虽然几经转移，但始终完好无损，直到她晚年还嘱咐亲人，要他们在她谢世时，让这些遗物陪她入土。"

正是郑明淑的精心珍藏，王尽美的这两件遗物才得以留存至今。对于十分珍缺的王尽美的遗物而言，可谓弥足珍贵。已经得到证实的王尽美遗物总共有四件，除了饭盒与毛毯外，还有他的两张照片，一张是他于1923年8月在北京照的免冠照、一张是1922年他参加苏俄远东大会的照片。

郑明淑留存下的王尽美的这两件遗物十分珍贵，它们不仅彰显了一段刻骨铭心的姐弟深情，还为研究与宣传王尽美提供了宝贵的实物。

二

2018年11月24日下午，我们去杨家洼采访，核实党史部门给我们的这张照片。

李晓采访臧家玉夫妇

杨家洼属于枳沟镇，位于大北杏村东南、枳沟西南处。现在已经成为杨家洼社区。

刚进村，遇到一个七十多岁的老人，他正蹲在门口晒东西。我们递给他一支香烟，问王尽美的表姐郑明淑是不是这个村的，见他说是，就拿出照片让他甄别。他一看说，她（郑明淑）没有孩子，这不可能是她！

我们还是头次听说郑明淑没有子女。我们问照片上的这两个孩子是不是她亲戚家的。老人说，这个他就不知道了。他让我们去找一个叫臧家玉的村民，说他是她本家。我们在他的指点下，到了村庄的西南头，找到了臧家玉家。

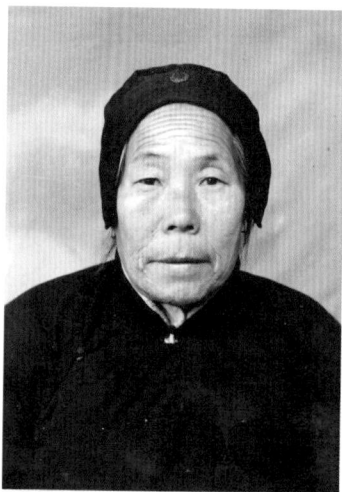

郑明淑老年照

臧家玉，1945年生人，郑明淑是他的六婶，郑明淑的丈夫臧宝祯与臧家玉的父亲臧为望是亲兄弟，臧为望排行第五，臧宝祯排行第六，并且两家相邻。臧宝祯生前在许孟教学，与郑明淑结婚三年后去世，并没留下一男半女。郑明淑在丈夫去世后，就跟着臧为望一家生活。

我们又拿出照片，让臧家玉两口子辨认那妇女是不是郑明淑。臧家玉端详着照片说，看衣着，像是八九十年代，这个妇女最多也就五六十岁。郑明淑1993年去世，与照片的这个人年龄悬殊太大，不可能是。

我们问照片上的妇女是不是她的什么亲戚，不然，王乃征怎么会一直保留着这张照片。臧家玉的妻子说，也许是她外甥女。郑明淑曾经抚养过她三妹的女儿，抚养了两三年，外甥女在十四五岁的时候去了东北。

臧家玉对于妻子的猜测难以定论。他说，1982年村里实行房屋规划，郑明淑从老宅搬到了北面的新房子，由她的外甥女张崇秀照顾。因此，对她后来的一些情况就不是很了解了。

臧家玉领着我们去村后，找张崇秀了解情况。

三

张崇秀是郑明淑她四妹的女儿，当年为了照顾郑明淑，就嫁到了杨家洼。张崇秀1926年10月10日生人，现在与儿子臧家高生活在一起。

李霞、臧家玉（左四）、张崇秀（左三）、李晓、臧家高（左一）合影

张崇秀身体很好，记忆力也不错，能够清楚地记起她姥爷家的一些亲戚情况。她说郑明淑兄妹四个，她排行第二，上面有一个兄长，下面有两个妹妹。

张崇秀还提及她小时候去王尽美家的一段记忆。她五六岁的时候，由母亲领着去枳沟走姥娘家，走完姥娘家后，又去了大北杏村看她老姥娘，也就是王尽美的奶奶董氏。那时董氏身体已经不好，要靠王尽美的母亲照顾。她老姥娘去世时，枳沟街上已经来了鬼子。

我们又拿出那张照片让她看，她与儿子臧家高看了后都说不认识。

我们问照片上的妇女是不是郑明淑抚养的外甥女，他们说不是。臧家高拿下挂在墙上的相框，指给我们看郑明淑与两个妹妹的照片，这些照片都是她们老年时照的。

臧家高见我们很感兴趣地用手机拍着照，有些遗憾地说，郑明淑还有一张年轻时的照片，那张照片应该是20世纪20年代前后照的，可惜不知让谁拿走了。

我们感到这张照片对研究王尽美会很有价值，就深究起来。

我们不相信会是在20年代照的，因为在20年代，乡下能够有条件照相的很少，那时诸城城里还没有照相馆。郑明淑作为一个普通的乡下妇女，更不具备照相的条件。

臧家高见我们不信，就让母亲张崇秀证实。

张崇秀说她嫁过来时，那张照片就有了，她大姨（郑明淑）对它格外珍重，说是王尽美给照的。

我们听了立马惊喜起来，要是果真如此，这张照片就很有价值了。

王乃征在《回忆敬爱的母亲》一文中曾提到照相的事，"有个印象很深的一次，（王尽美）是病重前回家来了，带了个照相机（老式的），给我们照相，给母亲照的那一张，因为面部动了，没照好。后来这些照片全部被土匪搜刮去了，一张也没留下"。

文中提及的"病重前"应该是王尽美1925年从青岛回家休养前的那段时间。至于拍照的时间，我们根据王尽美的活动轨迹进行了推算，应该是在1922年至1925年之间。

王尽美去苏俄参加远东大会时就有了照相机，据《王尽美传》记载：参加完远东大会后，王尽美与王乐平等部分中国代表团成员留苏进行了三个多月的参观考察。王尽美带着一架照相机，走到哪里拍到哪里。

王尽美是1922年5月中旬从苏俄回到济南，7月去参加中共二大之前回了趟家。这次回家很匆忙，不太可能有条件给家人照相。再说王乃征这时还小，也不会记得照相之事。

此后，王尽美被调到北方区委工作，不久就到山海关地区领导工人运动，直到1923年3月才回到山东。此后，他一直奔走在胶济铁路沿线开展国共统一战线活动，没有时间回家乡。

1924年的夏天，他以国民党山东临时党部执委的名义到诸城指导国民党基层建设。

据有关资料记载，在那段时间里，他回过祖籍，去过莒县，还去拜访过西安村的老师王新甫。此时，无论从时间还是从心情上，他都相对从容，因此也就有机会与家人享受一下天伦之乐，也自然会想到给家人拍照。

这时王乃征已经记事，对当时照相的细节应该记得很清楚。

既然王尽美与郑明淑姐弟感情那样深厚，他都能把从苏俄带回来的珍贵的毛毯、饭盒赠送给她，照相之事，自然也不可能忘了她。郑明淑年轻时的照片很可能拍摄于1924年。

我们让张崇秀与臧家高再仔细想想这张照片的下落，张崇秀说可能让枳沟街的亲戚拿去了，臧家高说有可能让小英村他舅拿去了，也有可能让郑明淑的外甥女拿去了。母子俩各执一词、莫衷一是。但是有一点可以肯定，这张照片在他们亲戚手里。

鉴于这张照片具有一定研究价值，我们决定努力去寻找。

寻找年轻照

一

张崇秀见我们对这张照片很重视，就让我们去枳沟街找"九"，说照片是他拿去了。臧家高说人家"九"已经过世了。张崇秀说，那就找他儿子。

我们问"九"是谁，臧家高说他是郑明训的堂侄，因他在家族同辈中排行第九，人们就叫他"九"。他原在诸城市枳沟卫生院工作。

臧家高告诉我们他的儿子叫郑顺德，也在枳沟卫生院工作。

2018年12月2日下午，我们去枳沟医院采访郑顺德，但他已经调到诸城城北医院工作。我们打听到他的手机号，与他通了话，他让我们明天去他单位。

从枳沟往回走的路上，我们顺道去了小英村，去找臧家高他舅。臧家高说照片可能是他舅拿去了，我们不能错过任何可以寻找的线索。

小英村属于诸城龙都街道，东面是大英村，南面是善士，西面是小潘庄。

他舅叫张崇朴。当我们找到他家时，天色已黑，灯光影影绰绰从各家透出来，雨也淅淅沥沥下了起来。

张崇朴出生于1935年，他说在他十一岁时他姥姥（王尽美他姑）去世。我们问及郑明淑的照片，他找出来的，正是张崇秀所说的郑明淑年轻时的那张。我们在灯光下端详着照片。那时的郑明淑，头戴帽子，身着大襟褂，微胖，端庄，不似一般农家女人，倒像大家闺秀。我们虽然没法辨认她的真实年龄，但从她光洁的前额以及白净面容上看，至多不到三十岁。这张照片不是原照，是翻拍的。我们问张崇朴这张照片是怎么来的。他说是枳沟街上（张崇朴他舅家）给的。看来原照应该在郑明训的后人手里。

李晓与张崇朴夫妇合影

二

第二天，我们去了诸城市城北医院，见到了郑明德大夫。他说他不是郑明训的直系后代，对一些情况不了解。他向我们推荐了郑育德，并且告诉我们郑育德的儿子郑泽强的手机号。我们给郑泽强打了电话，并约定了见面时间。

2018年12月16日，我们去诸城东顺小区拜访了郑育德，他的儿子郑泽强也在场。

李霞、李晓、郑育德（左二）、郑泽强（左一）合影

郑育德生于1953年12月15日，原是诸城枳沟四村人，现住诸城东舜小区，他父亲郑炜昭是郑明训的长子。

郑泽强出生于1977年5月17日，现在诸城市瓦店卫生院任副院长，他对于他们家族史很有研究。

经过郑育德与郑泽强的补充与梳理，我们对郑氏家族的亲属关系了然于心。

王尽美的姑父叫郑瑞祥，其有一子三女，郑明训是长子，郑明淑是长女。

郑明训，字景伊，生有三子，依序为：郑炜昭、郑砚昭、郑焕昭。郑炜昭，与王乃征是枳沟高小同学，郑砚昭与王乃恩是枳沟高小同学。

至于我们所要寻找的郑明淑年轻照的原照，他们并不知情。

郑泽强意识到这张照片的价值，就打电话询问居住在胶州的大爷郑培德，郑培德也没有听说过这张照片。

三

为了帮着我们寻找原照，2018年12月23日，郑泽强专程陪我们去枳沟四村拜访了他的大爷郑跃德。

枳沟，属于诸城，始于明初，因古时村内有一条东西贯穿的大沟，沟两岸长满枳树，故取名枳沟。1929年置枳沟乡，属诸城县第三区；1945年置枳沟区；1947年划归莒北县；1950年1月复归诸城县，为第六区；1955年4月复为枳沟区；1958年改置枳沟乡，属吕标公社；1976年成立枳沟人民公社；1984年4月改社为镇，至今。

枳沟镇地处诸城市西南部，东与龙都街道接壤，南与五莲县许孟镇相邻，西南连五莲县高泽镇，西邻五莲县汪湖镇，北接贾悦镇，东北接舜王街道。地形多为潍河冲积平原，土质优良，民间有"金巴山银枳沟，比不上乔庄黄土头"之说。主要山脉有庙山、乔有山等，最高点海拔191.5米，最低点海拔60.1米。枳沟镇驻地原先分为枳沟一村、二村、三村、四村等四个自然村，现在划分为枳沟东社区、西社区两部分。

郑跃德住在枳沟四村，他生于1950年，是郑明训第三子郑焕昭的次子。

我们在他家见到了一张郑家全家福，照片上有郑瑞祥、郑王氏（王尽美的姑），还有郑明训，以及他三个儿子（郑炜昭、郑砚昭、郑焕昭）与儿媳。照片上方标注为民国二十四年元旦枳沟菜香书屋全家欢聚摄影纪念。

说到枳沟菜香书屋，我们引用王蔚明的一段回忆：

> 郑家菜园在枳沟东西大街东头，东阁以东，坐北朝南。临街有三间茅屋，东头有一间过道，前门临街，后门通向内院，院内地面宽阔。有几亩空地，种着各种蔬菜。菜地以北是郑家住宅。临街的过道就是他们摆菜摊的地方。西边两间屋里，有

桌、有炕，并放着锨、镢、锄等各种农具，各种菜种，打水用的辘轳和水桶等物。菜园的大门上一副对联非常别致，上联是：知我欲寻诸葛菜，下联是：美君如在百花洲。别家的门对年年更新。他们这副门对是刻上的，是用黑漆漆好的凸起的草书，书法遒劲，年年如旧，并不改动。菜园的主人郑瑞祥（文中误写为郑明训）是当地一位反清复明的隐士，这位老人的先辈曾与顾亭林、丁野鹤、杨永新、张石民等反清复明的志士交往。

所以直至当时，郑瑞祥仍然留全发，束发穿过帽子上方的圆孔，用簪子绾起来，活像当时的道士。这位奇装的老人就是王尽美的姑父。

看来这卖菜之家也是书香门第了，难怪枳沟高小的莘莘学子都来此买菜，想必都是知音。

十九人之众的郑氏全家福里，郑王氏端坐前排正中位置，而作为一家之主的郑瑞祥却偏坐于她左边，并没与之并坐，中间站有一个小女孩。照片中，郑瑞祥的儿子及儿媳都位列其中。至于女儿，郑明淑等已经出嫁的，没在其中。

我们端详着比郑明淑大五岁的郑明训以及他妻子等人，并与郑明淑的年轻照进行比对。从相貌上看，郑明淑与他们要相差十几岁，由此可推断郑明淑的那张照片要早于这张全家福十几年，也就是说应照于20世纪20年代。

我们拿出郑明淑的年轻照问郑跃德，这张照片是不是小英村的张崇朴从他这里拿走的，郑跃德说不是，他家从未有过这张照片。看来，郑跃德这里没有原件。

我们看到郑跃德家的墙壁上，挂着王乃征写的两幅条幅，一幅是写给郑跃德的，另一幅是遥祝郑明淑的。郑跃德介绍说，王乃征写这条幅的时间是2006年。此时，郑明淑已经长眠于地下十三年之久了。条幅上书有浑厚凝重的"恩重如山"四个大字，旁边标注：杨家洼臧门郑氏表姑代母抚养我弟兄成长立下不朽功勋。落款：王乃征、王乃恩。

我们这才知道，郑明淑不仅对王尽美充满感情，还对他的儿子们具有抚育之恩。据郑跃德介绍，郑明淑十分喜爱王尽美的两个孩子，在王尽美的妻子病逝后，更是百般关照，视如己出。他们在枳沟高小上学时，她常回到街上照顾他们。

当王乃征与王乃恩参加革命离开家乡时，她还常去大北杏村陪伴孤独的舅妈刘氏。这种感情付出，在七十多年后还能够得以佐证。

2019年10月22日，我们跟随诸城党史部门去北京采访98岁的老八路胡金亭，他曾提及1944年他去大北杏村给王乃恩送信时，家里只有他姑在家，有五十岁左右的样子。他所提及的王乃恩他姑就是郑明淑。

李晓采访胡金亭

胡金亭，贾悦朱马院村人，1937年入党，新中国成立后在总参工作，被授予少校军衔。他也是莒北人，与王东年、王乃征等人都有着渊源，在莒北这块土地上一起战斗过。他先是由本村的胡先民介绍加入共产党，然后去桃园（五地委驻地）的青年训练班学习了三个月，学习期满后，被王乃征留在了县大队，在他的二中队任小队长。

后来，王东年又让他成立民兵站（秘密联络站），并任负责人。

没想到在七十多年后的今天，当我们坐在胡金亭老人家中进行采访时，历史又进行了一次穿越，莒北人在北京又有了一次交集，王乃征、王东年、王乃恩、胡金亭，还有郑明淑这些莒北人，都在多年后的回忆中再次呈现与相汇。

通过多次采访，虽然我们未能找到郑明淑的原照，但她在我们心中的形象愈加生动鲜活起来。这个普通的乡村女子，不仅因王尽美而被世人所熟知，还因她慈善博爱的情怀而为世人所感怀。

四

为了证实我们从张崇朴家拿到的郑明淑照片的真实性，郑泽强陪我们去了杨家洼，把照片拿给张崇秀与臧家高看，他们说就是这张。

当我们说这张不是原照时，他们猜测可能是让郑明淑她外甥女拿去了。上次，她从东北回来，曾去过郑明淑的老房子。她感念着大姨对她的抚养之恩，说要拿点她的遗物留作纪念。

我们拜托臧家高帮忙打听郑明淑外甥女的联系方式，如有信息马上告知我们。

访寻洋教堂

　　《王尽美传》（1998年红旗出版社出版）中记载："王尽美小时候最大的乐趣是听母亲讲故事。母亲刘氏贫苦出身，淳朴善良，记忆力强，口才也好。她能讲出许多有趣的故事……这些故事，有的是民间传说，有的是绿林好汉的演义，还有的是发生在当地的真人真事。王尽美最爱听的是义和团反洋教的事件。有一年，在他外祖母的家乡发生了一起反洋教的事件。义和团两万多人冲进县城，烧毁了洋教堂，赶走了洋教士。后来这次反洋人斗争虽然被镇压下去了，但却产生了深远影响。这个故事激起了他对义和团壮举的钦敬之情，同时在他幼小的心灵里早早地播下了仇恨洋鬼子的种子。"

　　我们去辉沟子村采访，专门询问起《王尽美传》中提到的那座洋教堂，竟没人知道，也没有人听说有反洋教事件。我们感到有些奇怪，这样一件大事件，怎么会没人知道呢？

　　后来，我们认识了陈祥勇老师，又向他问及此事，他也不知道，但他专程回了趟辉沟子找人了解，还是没有结果。

　　2019年1月，五莲县历史研究所的单亦灵老师赠给我们《五莲人文自然遗产博览》《五莲县地名志》两本书，我们从中看到一个叫三教堂的村名。

　　书中这样介绍道，它位于高泽镇政府驻地东北，丘陵地形，立村于岭坡上，东临五莲县许孟镇薛庄，西至东黄柏沟，南靠焦家庄子，北接道洼。据考，窦姓于明初从山西省洪洞县迁此立村。因村庄在旧诸城、日照、莒县三县交界处，耕种三县的土地，向三县缴纳田赋，故取名三届堂。清道光年间，窦姓迁走，王姓从本县王世瞳迁入。因村西南有一座供奉儒、道、佛三教的寺院，故改名三教堂。

三教堂村在辉沟子东南方向，相隔也就十多里路。我们由此想到，也许这寺院就是《王尽美传》中提到的那座洋教堂。因为两地相隔不远，后人把村名混为一谈，也是常有的事。为确认此事，我们觉得还是应该过去看看。

2019年10月9日上午，我们去了三教堂村。经过访问，三教堂村的寺院与洋教堂没有任何关系。正当我们要离开时，有位热心的村民对我们说，他曾经听老人说过，说后街头早时候曾有座洋教堂。教堂很大，在附近很有名，每个礼拜都要组织教徒聚会，管吃管住，方圆十几里，甚至几十里的民众都前去集会。我们不禁惊讶地感叹道，洋教堂怎么会有这么大的影响力！

那位热心人笑着说，那不是教堂有多大的影响力，那是因为民众都想贪吃那里不花钱的饭，有时教堂里还管吃白花花的大米饭。

热心人见我们听得上心，讲得更有劲头了。他兴致勃勃地继续说道，在那个年代，别说吃大米饭了，就是能填饱肚子就不错了。有时去得人多了，教堂里盛不下，就在教堂外面搭上棚子。

因为我们还想赶往后街头，只好打断这位谈兴正浓的热心人，与他握手告别，急忙上了车。

后街头在五莲县城东南处，离县城十五公里左右，处在街头河西岸，地势平坦，东临竹园，西至南西峪，南靠前街头，北接石门。据考，元朝末年，宋、贺、袁、战诸姓迁至今址北二百米处，傍河立村，取名战家村。明初，盛姓由山西洪洞县迁入，更名盛家庄。清道光八年（1828年），村被水淹没，以王姓为主迁住今址。因处在前街头北面，村又小，取名小后村，后改称后街头，现在是街头镇所在地。

经了解，这里在清朝末年确实发生过一场农民反洋教事件，驮儿山上现在还有当年反洋教起义的旧址。

驮儿山在后街头村北三公里处，因为山后有个小山峰与主峰相连，状如老翁负子，故曰驮儿山。

驮儿山

光绪二十四年（1898年），德国帝国主义为了从思想上压迫奴役山东人民，以达到永久霸占山东的险恶用心，就派大批传教士在山东各地建立教堂，网罗教徒，组织教会传教。就是在这样的背景下，后街头建立了教堂。

德国传教士薛田资等人，在极力向当地民众宣传"安分守己""打不还手"，求得死后上天堂的奴化思想的同时，还极力勾结当地官吏肆无忌惮地欺压民众，致使当地民众苦不堪言。在这种情况下，坊子村有个叫厉用九的，就带领村民进行了一场轰轰烈烈地反帝反洋教的斗争。

1846年，厉用九出生于坊子村一个贫民家庭，他自幼跟着祖父学武术，学正骨、接骨等医术。成年后，练就了一身好功夫。他性情耿直，仗义，善于交友，在当地威信很高。当他看到当地民众深受洋人欺负时，就义愤填膺，挺身而出。1898年11月9日，厉用九组织十里八乡民众两千多人，包围了街头教堂，抓了薛田资及其教徒六人，关押在驮儿山。

山东官府先对德国传教士进行安抚，但仍未平息事态。驻扎在青岛的德军组成德军陆战队，进犯日照，捕捉了知县，并对韩家庄等村子进行烧杀抢掠。

英勇不屈的反洋教民众并没有被侵略者的淫威所吓倒，厉用九与附近各村的拳坊师傅一起发动起义，带领两千多人上了驮儿山，扎寨竖旗，进行抗击。

山东巡抚周馥闻讯大为震惊，在光绪二十九年（1903年）6月2日，急命沂州知府胡建枢率三千名官兵，分两路攻打起义军。厉用九他们虽然英勇抵抗，但由于力量悬殊，起义最后失败。起义虽然失败，但在当地民众心目中产生了极大的影响，很快在当地传播开来。

这个事件自然也会传播到附近的辉沟子、大北杏村等地，王尽美的母亲自然就会听说到。

此事件虽然与《王尽美传》中所记叙的有些出入，但是许多事情经过口口相传，难免不会出现口误。我们通过再三考证，认定《王尽美传》中提到的民众烧洋教堂就是"驮儿山反洋教起义"事件。

一个平凡而伟大的乡村女人

在莒北寻访之余，我们都会把每次的采访整理成文字。同时，还不断查询、搜集着与王尽美相关的史料，并从中获取寻访的线索。

经过近半年的寻访，我们把莒北与王尽美有关的人物基本都采访了，采访了他的三位老师，他的母亲、妻子、表姐等。

我们踏着王尽美留在这片土地上的足迹，触摸着他人生的脉络，似乎感受到了他的气息与体温。在我们心目中，他成了一个有血有肉的人：莒北人，乡下人；故事迷，农活好把式；有志气的年轻人，孜孜以求的革命者。

刘氏

他的形象时常浮现于眼前，促使我们有了一种冲动，想写部书，把这个越来越为我们所熟知的家乡人短暂而又生动的人生呈现出来。

这个想法还在酝酿之时，与他最紧密的一个人物呼之欲出了，她就是他的母亲刘氏。

王尽美的母亲刘氏是一个平凡人。说她平凡，因她出身于一个普通的贫民家庭，自身也是一个普通的乡下女子。从小在乡下劳作，从没走出家门。受父母包办，嫁给了一个普通家庭的普通男子。她一生命运多舛，生活贫苦艰辛，就如同这块土地上的大多数贫苦百姓所经历的那样。然而，就是这么一个平凡的乡下女人，却养育了一个"党史开先卷""功名传千秋"的中共一大代表，还将两个优秀的革命战士抚养成人。从这个角度而言，她又是一个伟大的乡村女性。

不到十八岁，她就遵媒妁之言，嫁给了大北杏村的王在升。当时，王在升的父亲王兴业已经过世，他唯一的姐姐也嫁到了枳沟街，家里只剩母亲刘氏与奶奶董氏相依为命。

我们经过采访、查阅史料，刘氏的形象逐渐明朗丰满起来。我们从"坚韧不屈、精明能干、教子有方、深明大义、重情重义"五个方面把她的事迹付诸笔端。

一

她嫁到王家不久，王五就在为地主贩运粮食的途中不幸罹难。当她孤立无援地面对着贫寒的家庭、孤苦的婆婆，还有即将出世的孩子时，呈现于眼前的，是一条漫长孤独又看不到光亮的夜路，可想而知，她当时是何等的悲痛与绝望。

腹中胎儿的蠕动，让她有了活下去的希望与勇气，她擦干眼泪对婆婆说，为了将要出世的孩子，再难，我们也要咬牙活下去！

1925年8月，厄运又一次降临在她身上，王尽美在青岛病逝。当她陪伴儿子的灵棺回到家乡时，儿媳妇带着两个幼儿跪在村头迎灵，全家人哭作一团。连村里人看到这种情景都忍不住流泪。这对于已年近五十岁的女人来说，老来丧子，是一种怎样的锥心之痛！

儿媳妇因思念丈夫，时常茶饭不思，暗自垂泣。刘氏强忍着心中的悲痛劝说道，哭要是能把他哭回来，咱们全家都哭。你哭坏了身子，我这两个苦命的孙儿该咋办！

四年之后，儿媳妇撒手人寰，刘氏强忍着悲伤，用羸弱之躯担负起了抚养孙儿的重任。面对多舛的命运，她凭着坚韧不屈的精神担负着一家三代，一步步从困苦的日子中走了过来……

二

刘氏虽然是一位普通的农家妇女，但她深明大义。

她没有上过学，但她知道穷人家的孩子只有通过读书才能改变贫穷的命运。她一旦认定这个理，就想方设法去做。因此，王尽美才得以当陪读、上村塾、读完高小。在那个年代，穷人家的孩子能够读完高小，已实属不易。读书成就了王尽美，也是母亲的深明大义成就了王尽美。

她虽然不懂国家大事，但只要儿子干的是正事，就会全力以赴去支持。

王尽美在家务农三年后，突然提出要外出求学，刘氏虽然知道儿子外出求学会增加家庭负担，但为了儿子的前途，最终还是同意了。据王明华回忆说：他老奶奶（刘氏）告诉他，他爷爷（王尽美）为了让她答应去济南求学，整天跟着她磨。每当她做饭时，他就倚在门框上，门框把他肩上的衣服都磨破了。老奶奶向我说起这些事时，不停地流着眼泪。

王尽美在济南上完学后，又参加了革命，每年回家的时间很少，家里的事都是刘氏操持，刘氏为了支持儿子干正事，宁愿做出任何牺牲。这就是对家之大义。

王尽美由于常年在艰苦的工作环境中忘我工作，患上了严重的肺病，1925年6月回到家乡养病。刘氏为了给儿子治病，整天迈着小脚四处求医抓药。然而，她对儿子无限的疼爱却不能战胜残忍的病魔。当王尽美感到自己来日不多时，就想回到青岛，死也不能离开自己的斗争岗位，死也不能离开自己的战友们。据王乃征回忆说：一天傍晚，父亲（王尽美）把奶奶和妈妈叫到屋里，我也跟着妈妈去了，父亲躺在床上大口地喘着气，虚弱地说"我要去青岛看病，病好了再回来"。善良温柔的妈妈转过身，用衣襟擦去脸上的泪水，然后转过身轻轻地点点头。刚毅的奶奶强忍着不让眼泪流出来，担心地说："孩儿，娘知道你的心，你想青岛的那些好朋友，娘陪你去。"

1925年7月的一个清晨，天阴沉沉的，王尽美被几个乡亲从屋里抬到了院子里的担架上，担架是刘氏找人用病床做成的，为了防蚊子咬，上面还罩上了蚊帐。晨风吹乱了她的头发，露出了一缕缕的白发，她眼里含满了泪水。

刘氏与几个抬担架的乡

曹健民（左四）、王明华（左三）、王建华（左二）与刘氏（左一）合影

亲，冒着酷暑，从大北杏村走到了高密火车站。在炎炎酷暑之下，她迈着小脚一步步走了二百多里路！

王尽美逝世后，刘氏坚持把他带回家乡埋葬。为了防止腐烂，她用白布蘸上水，将王尽美一层层包裹起来。在王尽美生前，为了儿子的发展，没有把他留在身边；在他去世后，她要让儿子永远陪伴在身边。

刘氏虽然不懂什么是革命，但是她知道儿子走的一定是正道，她也知道孙子走他们父亲走的道是对的。因此，当她的孙子和孙媳妇去参加革命时，她不但不阻拦，还把家作为了他们从事革命的联络点。

王乃恩回忆，当他们都参加了革命后，村里地主见山堂有个叫"二猴子"的当了伪保长，把我祖母抓去关在汉奸队的碉堡地下室里，说她是"匪军"家属，逼她写信叫他们兄弟两个脱离八路军，回村跟他干，不然就要杀害她。我祖母很坚强，坚决不写信，对汉奸说：我两个孙子有臂膀有腿的，他们在哪里我怎么知道。你们要杀要砍怎么都行。最后，他们就把我祖母关了起来。

由于革命的需要，王乃征与王乃恩全家都要远离家乡，他们想带着祖母一起去，她拒绝了，她说，你们是去革命，我不给你们添累赘。

有一张曹健民一家即将离开家乡远赴南方时的合影，时间是1949年11月，照片上的刘氏，头发花白，满脸落寞。为了不影响儿孙去革命，她宁愿独自在家忍受孤独与寂寞，这是对国之大义。

三

刘氏是个妇道人家，但她重情重义，知道感恩，凡是帮助过她家的，她都感念不忘，设法报答。

她们家虽然从王尽美爷爷那代就从后张仙搬了出来，但她们一直与老家走动着。她为了感谢亲戚的帮助，每年都要回老家看望他们。王尽美长大成人后，她叮嘱他，心里要时刻想着别人对咱们的好，一定不要忘了报答。

她被政府接到济南后，对常去看她的刘淑琴（李宇超的夫人）说，他（王尽美）走了这么多年了，他的一些心愿我还没有替他实现。我们娘俩儿有一个共同的脾气，那就是最怕欠下人情。他在世时，我听他常说起，他在济南得到了许多好心人的帮助。以前我在老家隔得远，没法去感谢人家。现在我到了济南，就要去好好感谢人家。

我们去济南采访赵寰瀛的孙子赵炳月时，他说刘氏曾去感谢过他爷爷与奶奶。赵寰瀛是王尽美的塾师赵锡瑶的第四个儿子，王尽美在济南上学时，他在济南的东莱银行工作，曾资助过王尽美。

我们从鲁佛民的儿子余修写的《关于王尽美同志二三事》一文中得知，刘氏也去感谢过他们。鲁佛民在王尽美于青岛住院时，一直资助和关怀他。王尽美去世后，还帮着给他料理后事。虽然已经过去几十年，对于此，刘氏仍然记忆犹新，感念不忘。她每次与刘淑琴谈起这段往事，总是打听鲁佛民的下落。当刘淑琴告诉她，鲁佛民已经在抗日战争时期去世了，她听后伤心得落了泪，她要求刘淑琴一定要为她打听到他家人的下落。

当刘淑琴把他的后人的情况告诉了她时，她很快就在刘淑琴陪同下登门看望了他们。

当刘氏知道毛主席与董必武也很关心她，并指示要把她照顾好，让她安度一个幸福晚年时。她对他们的关心一直感恩在心。

王乃征回忆说，1953年奶奶病重，在她生命走向终点的那天早上，她从昏迷中醒过来，慢慢睁开眼睛，四下寻觅。我急忙凑过去，附在她耳边问："奶奶，您有事吗？"

奶奶微微点了点头，然后费劲地张了张嘴，断断续续地说："乃征，你……你一定要……当面谢毛主席……谢董老……谢他们对王家的关照。"说完，奶奶安详地闭上了双眼，停止了呼吸。（《王尽美纪念文集》）

曹健民（左六）、臧校先（左五）、王立华（左四）、王乃征（左三）、
王爱华（左二）、王乃恩（左一）在刘氏的墓地

　　1953年，刘氏，一生历经坎坷的莒北乡村女人，在济南含笑九泉，被安葬在济南牛金山南麓的柏林里，享年七十三岁。

红色小镇

不觉间，三年倏然而去。

2021年8月7日，我们又来到大北杏村。此时，大北杏村已经整体搬迁进新建成的尽美家园住宅小区，属于北杏社区，这里已经发生了天翻地覆的变化。

2018年我们来此采访时，这里还是一片热火朝天的工地，呈现的是嘈杂、忙碌、机器轰鸣的景象。

时任枳沟镇党委书记王学斌，向我们描绘着红色小镇发展的宏伟蓝图：从2017年初，他与同事们考虑到大北杏村得天独厚的红色资源，就开始筹划建设红色小镇，欲将一片热土以规模化教育基地的形式呈现出来，进而打造成一个集培训、研学、观光、旅游为一体的红色小镇。当年11月，大北杏村开始进行部分地段拆迁，王尽美党性教育基地开始投入建设。一个对于大北杏村、整个枳沟镇，乃至诸城市都具有划时代意义的重大工程就此拉开序幕。

三年后的今天，王尽美故里一如我们的期待，一如家乡人的期待，一如中裕机电设备公司董事长刘红光等具有红色文化情怀企业家的期待，集革命教育、红色旅游、生态农业为一体的红色小镇已然出现在眼前，建起了古街、牧羊道、乔有山等诸多红色景点，从全国各地来此参观和学习的人络绎不绝。

古街

　　我们漫步古街，走进王尽美党性教育基地，参观王尽美同志故居。然后，走向南岭，站在牧羊道前。

　　时光似乎又回到一百年前，我们看到了一个叫仓囤的少年，大清早赶着羊群从这里走过，帮着王敬亭去岭上放羊。王敬亭曾是说书艺人，为了听故事，仓囤帮着放了近一年的羊，把这里踩成一条弯曲的小路，后来被称为牧羊道。可以说，牧羊道就是这个少年的求知之道、上进之道。

　　这个叫仓囤的少年，成为村里人人都知晓的故事迷。从故事迷，到孩子王、到陪读生、到小堂倌、到大学长、到农活好把式、到农民演说家……一步步成长起来。在不同的成长过程中，他演绎出不同的精彩人生。我们有幸通过对莒北的采访，见证与感受了这些精彩的历史瞬间，并把它呈现于世。

　　我们从牧羊道来到乔有山。

一百〇三年前的一个深春的清晨，怀揣着教育救国梦想的王瑞俊，在去济南求学临行前登上乔有山，他眺望着眼前这片苦难深重的苍茫大地，感慨万分，慷慨激昂地发出了"沉浮谁主问苍茫，古往今来一战场。潍水泥沙挟入海，铮铮乔有看沧桑"的呐喊之音。从此，他走向了一条求学之路、革命之路。

王瑞俊就是在南岭上放羊的那个少年郎仓囤。

1921年7月，参加完中共一大回到济南后的王瑞俊，站在千佛山上遥望着东南方向，想起了家乡的乔有山、潍水、亲朋好友，又豪情万丈、意气风发地发出了"贫富阶级见疆场，尽善尽美唯解放。潍水泥沙统入海，乔有麓下看沧桑"的豪言壮志，并改名励志，把王瑞俊改为王尽美，发誓为实现心中"尽善尽美"的美好世界——共产主义而奋斗终生。

一百多年后的今天，当我们站在乔有山四处眺望时，呈现于眼前的不再是苦难深重的苍茫大地，而是一幅秋色丰腴、大地秀美的壮丽画卷，画卷中的大北杏村已经发展成一座占地几百亩的红色小镇，楼房林立，

乔有山

景色优美。这里不仅成了党性教育基地，还成了红色旅游胜地。

王尽美党性教育基地

王尽美，诸城人民的骄子，他的精神与血脉早已植入家乡这片土地。无论乔有山，还是牧羊道，他家乡的每处土地上都留着他的足迹与声息，他永远和家乡在一起。

随笔

聚仙山上的娘娘庙

王乃征曾写过《回忆敬爱的母亲》一文，文里，他提到母亲的老家庙后村，提到幼时跟随母亲走姥姥家，村子留给他的印记：村子南边靠一条小河，河南边有座山，山上有座庙。

这也是村名"庙后"的由来。

他的母亲李五妹，八十九岁，从庙后村走出，嫁到北杏村，成为王尽美之妻。

1925年，年仅二十七的王尽美去世时，王乃征六岁。四年后，母亲李五妹因悲伤过度和超负荷劳作，也患病离世。王乃征长大成人即参加革命，辗转流徙中，曾几次回过庙后村。其时抗日战争全面爆发，他回村里动员青壮年积极参加抗日救亡运动。

文章写于2008年，他八十九岁，离那时已相隔多年。他回忆起母亲，回忆起庙后村，首先提到的那河那庙，一定是保留在内心、有母亲在的最温暖的回忆了。后来参加革命再回村子时的血气方刚的年龄，战乱和匆忙，会让他无暇在内心安放或寻找一些什么。能够坐下来的暮年，转顾岁月，柔软的细枝末节便会出现，变成追念，出现在文字里。在文字里历历在目，不会朽败。

出生在沈阳、称李五妹为祖母的王军，没有到过那儿。

没有到过那儿的王军，对那篇文章印象深刻。李晓去庙后村采访，他千里之外发微信问，庙和小河还有吗？

庙和小河依然在。2018年10月2日，李晓再往，我随同，见到了一百余年间依然存在的那条小河，那座庙。

一老妇赤脚，蹲河里石块上洗衣。小桥西面河水潺潺，东面汪成一湾，瞧不出流动。老妇每将衣物涮摆，涟漪即起，不停涮摆，涟漪就不停起动，起动成一圈圈连环的半圆，是漾荡的水波舞蹈，她是舞蹈不声不响的指挥者。

如这一湾水，需不停搅动，才能得以活泛，活泛出点味道。人就这样一代代走下来。

所以庙后村亦不是原来的庙后村，早在若干年前，村子已整体后移，离开低洼地带。那里土质好，现在是一片树林和庄稼，还有神话传说。

神话传说有关娘娘庙，它位于聚仙山山顶，相传逢年过节，附近各路

娘娘庙

神仙都会齐聚娘娘庙，聊新话旧，好不畅快。就有人在一个佳节夜晚，瞅见过从南至北迤逦而来盏盏明灯，在娘娘庙上空飘摇，颇多仙气。于是庙殿前面，乡民特意辟出大块平地，供仙人们来此驻脚，把酒言欢，护佑村人康安。

娘娘庙一面背对村庄，另三面望出去，是一览无余的原野、山峦。所以当我们沿着野间小道越走越开阔，最后略一左拐，高高大大的娘娘庙就出现眼前，天外来物般，兀自明艳在宽展的平畴间，檐角凌翘，浅紫墙面和廊柱，深红窗扇和台阶，外加两座浅紫高脚香炉，一座刻写"国泰民安"的灰白色双耳四足大方鼎。

庙，是近些年村民自发出钱出力重新建造而成，就建在原来小庙的前面。

为革命远离家乡大半生的王乃征记得这座庙。因为文字，他的儿子王军也记得了这座庙。他在问李晓那句话时，像在问一个遥远的故事。主角已不在的故事里，能按图索骥再现一些什么吗？！那好歹也是一个念想。

当时令又前进了一步，转入初冬时节的11月，我没有想到我会第二次来见这座庙。月初的8号，王军受他人邀请，回老家参加一个研讨活动，活动在市里举行，末了，我们想陪同他到乡下，把祖父母及父母亲生活过的地方皆走一遍。只半天工夫，他考虑到时间有可能来不及，就说只选择几处吧。问哪几处，他垂下头思考了一会儿，抬头报出几个村名，庙后村是其一。

特意从市里表弟那儿借了辆车，又另外拉了两人，自己开着。我们的车在前领路。已退休的他，干什么不输当年军人的风采，驾车穿沟过崖，透着股猛劲和率性。

到达庙后村，少不了去看小河，去看庙。小河里依然有人在洗衣，打赤脚蹲在那块唯一凸出河面的石块上，好像人们到此洗衣的时档都安排满了一样。这次是一位年轻媳妇，涟漪又一圈圈泛起，她又成了水波舞蹈的指挥者。舞蹈中，映在水中的白杨树，一会儿顺直，一会儿掰成碎银。只是天气更加凉了，树叶片片掉落，河畔堆积了厚厚一层。我们踏着这潮湿松软的枯叶，取小道到不远处的山上看庙。

王军的祖母李五妹，当年不知沿着哪条小道去庙那儿，或许她也常在小河里濯洗衣物。一个多世纪过去，很多物事都已无法觅寻，甚至一张照片。

2008年，就在王乃征写下怀念母亲的那篇文章不久，有张仙王氏族谱编修组成员（王明成、王正民、王清生）为资料核实之事，到沈阳拜访他，临走，他托付他们两件事，其中之一，便是去庙后村查寻是否会有母亲遗留的照片，到头来却未果。

但相片是照过的。王乃征回忆，父亲有次回家，带了一个老式相机，给他们照相，母亲那张因为面部晃动了一下，没有照好。这些照片，后来都被敌伪土匪搜走。父亲仅留下的那张正面单身照，于1923年在北京拍摄。由祖母——王尽美的母亲，在战乱中保存了下来。

这成为王乃征的遗憾。母亲去世时，他还不到十一岁，停留在那时的母亲的模样早已经模糊。这也是他的后人们的遗憾。王军报出的庙后村，是否除了自己对那座村庄抱有未见的好奇外，还有替已去世近十年的父亲再去看看母亲的老家这一心愿？——文字里的纪念，终究替代不了面见才会有的某些心怀的释然。

赵家老宅

终于等来了主人。

进入院子的门锁打开，满院子的拉拉秧。尽管有人在前边踩踏开路，后边的也难免在迈步时被它黏扯一下，吸铁石般难以清爽分离。

拉拉秧易长在荒地，生长旺盛，常形成单一群落。长满院子，加之几乎没及膝盖，宣示着宅院的荒败。又淅淅沥沥细雨不停，更增添几分凄凉。

早就该想到如此。人去屋空，总会有什么出现，来证明过往的不再。

等来的主人，实际上只是这座宅院匆匆的过客。出生，求学，然后嫁人离开这里。甚至她的父母亲，也只是宅院的承继者。

我们对此宅的寻访，与它最初的拥有者有关。赵锡瑶。在史书上可留下一个名字的塾师。而寻访的源头，出自另一个人王尽美。赵锡瑶在一地主家当私塾先生时，王尽美是地主家儿子的陪读。

赵锡瑶有妻室两房，我们等来的主人，是第二房四个儿子中三子最小的女儿，五十岁左右，齐耳短发，一说话就起笑意。爱人陪同她前来，于是加上李晓，两个大男人在前面开路，院子里的路好走了许多。

一棵香椿，一棵玉兰，耸拔于拉拉秧中，初秋，依然枝繁叶茂。香椿为后来栽种，玉兰则是祖上王锡瑶所植，已冠如华盖。

树木受大自然恩赐，百年几百年生命力不减。老宅不然，一辈人走丢，它亦元气损耗般颓亏。未及屋内，女主人手指外窗台以下位置，说祖宅的保留，除了靠近街道的外墙，其他就只有堂屋三分之一墙面尚保持原貌，窗台以上的红砖垒砌，为父母亲居住时重新修建。母亲已于20世纪90年代驾鹤西去，九十多岁的老父亲已随她住。最终，老宅又归还一院空寂。每年只有这位现在的祖宅女主人——赵锡瑶的孙女，抽时间来趟，查看下房屋状况。

赵锡瑶生于1857年，喜爱读书，满腹诗文，人称"大学生"。如果不是因为深挖王尽美在故乡时的资料，这位当初给王尽美起名王瑞俊、字灼斋的"大学生"，也许待在史书里就永远只是"塾师老先生"的称呼。

也因了这缘由，我再次来到莒北，已时隔几十年。与王尽美同乡，两地仅相距十里地出头，小学时清明节扫墓，我们天未亮就排队出发前去。少不更事，当时的有关记忆模糊了不少。时至今日，离开太久的故乡，也已模糊成一片。见到莒北，站在赵锡瑶祖宅那几间业已凋敝昏暗的小屋，恍若置身童年时的老屋，模糊的已然清晰，清晰了沉灰的木格子窗户；清晰了那盘土炕和炕前凹凸不平的夯土走道；清晰了从外屋连接里间的那条走道的门槛、门槛上两扇一推即开的门；清晰了进到堂屋右首的大锅灶；清晰了锅灶上方墙间为放置煤油灯留出的方孔……至今，在赵家老宅，那一隅方孔里，一个普通小瓶做成的煤油灯仍留存在那里，任灰尘覆落。

一个人，或一座宅院的历史，若要细究，不知会有怎样鲜为人知的一面。现在包括大北杏村在内的莒北，有的隶属于五莲，有的隶属于诸城。这片连接在一起的土地，因为一代革命志士王尽美从出生、长大到结婚成家，乃至继他之后也同样参加革命并作出贡献的两个儿子所留的足印，而有了另外内涵。

用李晓的话说，这是一方红色的土地。也是一块记忆的沃土。很长时间以来一直潜心研究王尽美历史的他，一定更有自己心曲的相道。

返程。应我们之约专程赶来的赵锡瑶孙女也拉开车门就要离去，再回到她几十里外的家。临走，不忘跟那宅门过道里的三个乡邻热情挥挥手道别。

还是霏霏的细雨。

去济南

隆冬时节的12月8日，我们经高密坐动车去济南，采访赵寰瀛之孙赵炳月先生。

却在早上匆忙的出发中，与预订好的车次失之交臂，只有改签一小时后的另一趟。从候车厅出去，在广场聊以取暖的阳光下溜达。坐北面南的火车站，建筑外形陈旧普通。掏出手机百度，找出旧时的样子比对，存在些许差异。高密作为胶济铁路的主要站点，于1901年就已建造，现今所立，应是后来基于原貌的改建品。

究其这些，与我们探究、采访所围绕的核心人物王尽美相关。1918年春天，王尽美怀揣家中借来的一块银圆，步行近百里，从这里第一次踏上去往济南的火车，开始了他在省立一师的求学之路，这也是他短短一生革命生涯的开端。1925年7月，也是高密火车站，迎来了由乡亲们用担架抬着、母亲在一旁陪护着的病重的王尽美，从这里坐车到青岛医院医治。这是最后一次相迎。不久，他病逝于青岛。

图片中旧时的火车站，清逸端然，自带时间的印痕。岁月深处的洇染无可复制，过去就过去了，再望，只能历史碑阙般作番抚吊罢了。在火车站东侧，不承想就遇到这番景况。两座民国时期的二层楼房，在我们拐入那儿的街角时蓦然出现眼前。两座楼房样式迥异，一座带有立柱的外廊，一座东西方风格折中富有体量感。共同之处：萧寂颓败，久已弃用。

前后，都有高出它们的单位或生活区楼房。前楼房楼梯下来，与其正面相对，后边楼房，自然和它的背面相靠。从中出入的人，皆绕不开那片萧寂颓败的荒凉的存在。

像旧时的火车站，瞥一眼，时间印痕便扑面而来。过往即历史。历史总有它的沉淀，沉淀又总带给人于物事意味深长的感动。即使它看上去已然荒凉。

后来，我们到达济南，赵炳月先生带我们到一处故址拜谒，对于时常可见的风格独特的旧时建筑，这种感动复又周盈。故址，指津浦铁路济南大槐树机车厂。1922年6月，在王尽美等共产主义者指导帮助下，在那里成立了山东第一个具有工会性质的工人团体，被称为"齐鲁工会第一家"。王尽美在成立大会上，以中国劳动组合书记部山东支部负责人的身份出席，并发表了热情洋溢的贺词。随后的7月，工

在济南大槐树机车厂

会发动全厂一千余名工人为提高工资待遇和改善生活条件进行了首次罢工，坚持七天，迫使以北洋军阀政府为代表的厂方答应了条件。斗争取得了胜利。

被济南人习惯称之为"铁路大厂"的大槐树机车厂，1910年由德国人开始设计修建，1913年全部建成投产。各座建筑式样尽管多有不同，但都带有典型的日耳曼风格和早期德国工业建筑的特点，简洁大气，色彩庄重。

但可惜，那里现在只剩了部分建筑。查阅图片资料，当初召开工会成立大会时，众多工人在一座带有阁楼的宽展的三层大楼前驻足。大楼为第一任厂长道格米里和他德国团队的办公楼。1914年，第一次世界大战爆发，他们回国，把工厂交给了北洋军阀政府。图片中，人群密集，似觉工友们人头攒动，正群情激昂表达呼声，声音嵌进了楼体，萦响不断。它见证了"使吾国之工人将来与欧西各国之工人，并驰于一轨为入手"的权益抗争和守护正义的历史性一刻。如今，那座大楼已不复存在。一百多年过去，岁月烟云散离，天地已不同。

那个时候，赵炳月先生的爷爷赵寰瀛才三十岁刚出头，于启新会计学校毕业后，在济一家私人银行——东莱银行工作。小他7岁的王尽美后来也到济南求学，赵锡瑶特别嘱托赵寰瀛，对王尽美要多加关照。

赵寰瀛后来由一般职员提为主任科员。再后来，规模并不大的东莱银行慢慢衰落。新中国成立后，在它的旧址上，省工行建立并发展起来。

赵炳月1953年出生。跟随爷爷土生土长于济南的他，经年之事依然清晰记得。他说，父母带着他们一直和爷爷奶奶生活在一起，那个年头没有电视，夜晚便常围坐一起拉闲呱。早年爷爷和王尽美交往之事，年少的他就在那样的时候听到一二。比如王尽美在济领导工人运动期间，到赵寰瀛家里住过，因为工作性质和身份保密缘由，都是来去匆匆。

据我们多方采访后猜测，这之间除了知根知底的乡党情谊使然，王尽美当时作为工人运动的领袖，或许会将某些筹集到的用于活动的款项暂存于东莱银行，如此，若需取用，会更方便快捷一些。

爷爷1967年去世，活了76岁。赵炳月说"文革"中"破四旧"，爷爷的书籍、往来信件等在院子里被烧了好几个小时，爷爷心疼得很。

那些信件里，或许就有与乡党加兄弟相称的王尽美往来的书信。

在家乡，赵寰瀛所在的李家北杏与王尽美所在的大北杏村，仅相距数里。其父赵锡瑶和王尽美结下的深厚师生情谊，更把这份距离拉近，乃至两家的其他成员，或有成员在的他乡，都没断了交情。

1952年，当中共山东省委和山东省人民政府派人，将王尽美母亲接到济南照顾时，王母念及旧情，以及对乡家味道的谋寻，使她在济的一年多时间里，数次串门到赵家。赵锡瑶五子赵震瀛与王尽美二子王乃恩，曾是高小同学，后来一同参加抗日武装。解放战争时期，赵寰瀛随军南下，后留在湖南工作，王乃恩在新中国成立后亦南下，先后在浙江和上海工作。几十年间，不管在哪里，都一直如亲兄弟般互有来往……

弹指之间，就像那些空荡或消失的民国和德式建筑，斯人们已不再，其中的艰难、动荡、多舛、孤苦、悦怿，只在后人的溯洄忆记里存放和鲜活。很多，是一个时代的国家的记忆。更多，是一个人切实的家族的记忆。面前的赵炳月，带着几分认真说，我们这一代人还记得，并且也愿意去转顾那些过去的事和逝去的人，因为和父辈息息相关，自己本身，也是从不易中走来，有和那些个时代襟背相连的患难感。

赵炳月语速稍快，和他走起路来不疾不徐的稳健的步伐略微相反。那天日落之时，他带领我们拜谒完大槐树机车厂故址后，按计划又去了英雄山烈士陵园。

在济南英雄山

夕阳中的英雄山浸没在一片肃穆中，再加上天色逐渐暗沉，更将英雄山笼上一层沉实的庄重。没有什么时分能比得上此时的凭吊。暮色中，我们列成一行，向王尽美烈士墓碑三鞠躬。

济南，作为王尽美求学和开展革命运动生涯都极其重要的一站，在他去世三十四年后的1959年，遗骨由大北杏村迁至此地，冥冥中，同在老家一样，他也该会是心安的。而为他建墓立碑在英雄山最显要的位置，应是他作为山东卓拔儿女的象征，是他身后的父老乡亲对他最好的纪念方式了。

同样，到现在，槐村街大槐树机车厂故址依然保留着道格米里当初的寓所、欧洲巴洛克建筑风格的济南府电报收发局旧址、现存最早的胶济铁路德式火车站，以及其院内停留的一辆制造于1973年的蒸汽火车头……它们的留存，也是这座城市发展历史的最好的纪念方式。

济南，多年前我是来过的，但只是沿着某条街道泛泛地走过，就像那时自己年轻浮躁的心性，眼光所捕捉的，仅仅为一些奢华表象。或许，正如此，它在耐心地等待你，等你年龄增加些，等你眼睛像抹掉一层浮尘一样，不再是仅为奢华的光芒所触动，那时你将看到时间带给一座城市的积沉。它涌流在内，如同你看不到却能感受到的充斥在你身体里的骨血。

在王尽美故居

一场秋雨后，气温骤降，时间的脚步也已进入10月中旬，深秋无疑了。

往前推四个月，回到6月初的一天。夏天的太阳才刚刚要猛烈照射，大自然一派苍翠多姿，大北杏村的乔有山上也不例外。站在一山民的小屋前望去，果蔬艳丽，草木深远。

在王尽美同志故居合影
前排：陈丽丽（左）、李小怡（右）；后排：王军（左三）、王明华（左四）、李霞（左五）

时间追溯。长镜头往前推，往前推，再往前推，刚好回到一百年前。1918年夏初，乔有山上初见绿色，20岁的王尽美登至山顶，俯瞰自己的家乡。他就要与它作别，到济南求学，开启另外的人生。改变自己命运，救国救民，有所作为……他思绪万千中，脱口而出诗句：沉浮谁主问苍茫，古往今来一战场。潍水泥沙挟入海，铮铮乔有看沧桑。

镜头再拉回。那6月初的一天，三脚架，一台专业单反相机，摄影师正对焦一宅门上方的匾额——"王尽美同志故居"。摄影师右侧，乔有山近在咫尺，转身跑上几十步，就可拾级而上。

"铮铮乔有看沧桑。"一百年过去，沧桑又复沧桑。出生在6月的王尽美，已诞辰一百二十周年。

于是那个6月初的上午，故居宅门再次被打开。众人进入。进入的一拨人，于他们来说，意义特殊。他们是王尽美的后代，王尽美之孙辈之曾孙辈们，老老少少一行十几口人。值得纪念的日子，总要有种方式来托寄。约聚，从四面八方返归故土，返归至大北杏村几小间旧时北方普通的不能再普通的小屋，无疑是最合适的方式。

小屋登时拥挤。他们看土炕看老物什，更看墙上悬挂的一帧帧家族照片。黑白的、上彩的，曾祖辈、祖辈、父辈，还有抱在父辈胸前的孙辈。有张1964年夏天，王尽美儿子王乃征、王乃恩两家共八人在上海的合影。照片中，父母年轻，儿女青葱。如今，父母已不在，而青葱的儿女，最小的也已到花甲之年。

他们围在照片前指指点点，七言八语，回忆当年的情景。岁月的久远、已逝，已让某种风霜变得温醇，从而使聚在一起的谈说能风轻云淡，朗朗爽快。

朗朗爽快里，其中两人，一为王乃恩儿子王明华，近八十岁，浙江大学教授；一为王乃征儿子王军，六十余岁，沈阳一家高科技公司董事长。

到故居的前一晚，我们与王军有过一次见面，留下极好的印象。谈吐逻辑分明，严谨，掷地有声，是个一说话就会产生磁场的人。加之他人高马大，聊天间又不时透出豪放性情，便别有一种魄力范儿感染给他人。

再次见到他，是在山东卫视拍摄的三集文献纪录片《王尽美》中。他与女儿及堂兄王明华以各自合适的角色参与，赋予了纪录片视角的新颖。其中有一部分镜头，是父女被单独拍摄的内容，配合默契，形神表达自然、到位。

便认为，不愧为王家的后代，遂想起关于王尽美讲演才能的一段话。

曾任山东省副省长的余修回忆，1925年，正是海岛上春寒料峭的时候，青岛中山路南头，一座名叫"福禄寿"的剧场里，坐满了工商学各界的人士。在雷鸣般的掌声中，有一位身躯颀长的青年人，方面大耳，快步走上讲台。他年约二十七八，穿一身灰布长袍，笔挺地站在讲台上，用锐利的目光，扫视全场听众的兴奋面孔，而他自己的脸上也是充满激昂的表情。等欢迎的掌声落下来，他便开始了滔滔不绝的讲演。他对时局的分析，精辟深透，他的革命立场鲜明坚定，他那政治家的风度，十分吸引人的讲演才能，都给我留下了很深的印象，以致若干年来都不能忘记他。

就在这一年的8月，王尽美去世。还记得当初读这段文字时的心疼。有非凡才能，革命理想坚定，正是继续大展身手干事的好年华……

遗憾，叹息。才情未尽身已去。

后人风采的承接，来自基因，更出自榜样感召，他们因此熟知自己的祖辈。生养祖辈的大北杏村，对王军等孙辈来说，即使对一沟一坎一草一木的外部状貌存在陌生，但"大北杏"三个字，一定熟悉得不能再熟悉，一旦双脚站立在那片土地上，亲切踏实的同时，无可名状的伤悼也一定会有。曾与之关联的曾祖辈、祖辈、父辈三代人已闪入岁月深处，存留的，只有冰凉的老屋和老屋墙上一帧帧不再回来的时光，以及村东南枣行墓地那三座挨在一起的寂然的墓碑。

返归祖居地，祭奠成为不能缺失的内容。故居出来，一行人驱车七弯八拐，到达那四野开阔的墓地。

墓碑是父辈王乃征和王乃恩所立，纪念他们的两代祖辈和先父先母。王尽美去世时，兄弟俩分别为六岁和三岁。小儿王乃恩后来回忆说，党组织将王尽美的灵柩运回家乡时，他与哥哥一起拉着母亲的衣角前去迎灵，落英缤纷的伤感情景，他在八十多年后还依稀记得大概。

现在村东南王尽美墓地为衣冠冢。早在1959年，中共山东省委和山东省人民政府已将王尽美遗骨迁至济南英雄山烈士陵园。

一代俊杰属于世人。

镜头拉回，回到这气温骤降的深秋，一阵风来，树叶簌簌飘落。

乡　情

莒北，一点点清晰在眼前。

秋阳高照，我们驱车沿206国道一路向西，赶往大北杏村。就整个莒北来说，还有一条202国道南北贯穿。而不管要去往莒北的哪儿，或不管要从莒北的哪儿返程，最终都要经过两处国道的交会点枳沟镇。枳沟客运站就恰好处在交会点一侧，往，返，每次都会映入眼帘。它以前叫枳沟汽车站，是自己童年时光最深刻的印记。将近五十年过去，其他地方已基本改变，它却一直矗立在原位置，不能不说已彻彻底底成为故乡的一个标志。每次到莒北，车窗外瞟到它，就若又抚触了一次故乡，顺利和故乡建立起连接。

那种熟谙下产生的亲切，不存在哪怕一丝隔阂。

赶往的大北杏村，和枳沟近在咫尺，隔阂也便没有，如在同一口大锅里摸勺的一家人。

到达。通往乔有山的路已被两扇大铁门把住，两侧的王尽美党性教育基地正在建设施工中，围挡遮严了山岭以北的大片土地。那儿原有的几百户人家，早已搬离到东边的至善家园。我们因为要打听一个名叫李方太的人而进到了里面。

李方太也是我们打听来的人。一群坐在村路边嘻嘻哈哈剥玉米棒的妇女说，那些老事，八十多岁的他能知道一些。她们嘴里的"老事"，指我们要打听的王尽美高小老师王新甫的事情，他女婿王道曾是大北杏村人。

带路的是村里的刘组长，六十多岁，精瘦干练。他骑着电动车先行一步，找喜好在各个楼头闲坐的李方太。我们跟在后面，这方楼区那方楼区地转，才发现"家园"面积的非同小可。走在里面，明显感觉与城市居民小区的区别在于气流的格外清透，仿若楼群建在旷野间，光照和风可以任意穿行不受阻挡。东南两边，高低有致开阔去的坡塬、庄稼地；西面，成趟成行未拆迁的平房；北边，宽展的公路；再北边，一望无际的昌潍平原。"高楼平地起"，也算旷野间了。

在到至善家园前，车子行在两边树木夹出的村间小道上，一边是小树林叠映下的农舍、秸草垛，另侧，便是开阔出去的坡塬。远远近近，羊群在坡塬各处散落，也有高出它们一截漫步的牛犊。一派淡远清逸之景。李晓兴致猛增，立刻把视线从车窗外收回，转向专心开车的王一宇："这景，这红色土地，完全能写出一首好歌来，一定要写啊。"说得会作词作曲更会唱歌的他不由一阵紧张，连连说不会写，写不了。一宇是远近闻名的歌手，经常被邀请跨市出省演出。在他心里，这可比纯自由发挥凭着感觉作就的歌曲难度要大，怎能说写就写得出来。李晓心一时难以平缓，竟出口成章扯出几段，听来蛮是那么回事儿。平时交往，我就承认他做事认死理、逮定一件认为正确的事就非一般的投入，以致在进一步探寻王尽美足迹这件事上，我真心实意称他为王尽美研究专家。现身处在大北杏村，不经意间被什么触动，随口就能吟哦，真不是什么怪事。

每次莒北行，不抽烟的他，都特意装盒烟在兜里，逢着有感觉的人要打听，就紧着凑上去，话没说几句，先掏烟递火拢感情。即便遇着不抽烟的，若说不出要问的，凭着他的热络劲儿，也愿意跟他闲扯些什么再走。

边上的我，有时就心里感慨，做成一件事真不易。

刘组长就是含着他递过去的烟卷，骑着他的小二轮，在楼区里东寻西寻我们不识面孔的李方太。虽然最终也没寻到。

从刘组长给我们介绍的大北杏村人的构成那里，知道了村庄一条条街和巷呈棋盘状布列的特点。走走，站定，四处观望，果真是。我们就在这棋盘里横向竖向地走着，再去寻其他的人打听。收秋已完毕的村庄，几乎被覆在寂静下，只听得到头顶房舍间电线上，起跳飞挪的小鸟发出的叽叽喳喳的声音，格外响亮。

有很多家门前路上是停了车的，越野、小轿车，白色、黑色，高的、矮的。村庄位于诸城西南边境与莒县、五莲交界处，紧邻的206国道烟（台）汕（头）公路，原是古代驿道的故址。交通的便利，带来信息资源畅通和头脑的少僵化，再加"红色旅游小镇"在持续打造，一个村庄的繁荣日益显露。走进一户人家，五十多岁年龄的夫妻俩，搭眼看去气韵装束像城里人，正在厨房里切肉炒菜准备午饭。院子里忙进忙出的子女个个也都头光面净得紧。提议到他们这里的，是西院墙外的另户。炕上躺卧一近百岁老人。炕前侍候的小辈也不像庄稼人。老人的记忆已欠佳，一位女人就把我们领到东院墙外他们所说的"大哥"家。

白色越野车就停放在"大哥"家门外。猜摸他们是大家族里的兄弟俩，抽周末时间，移居乡下老家消闲和看望老人。

其他在门前和街旁停放的车，是否与此情况相似，或为城里或更远地方上班的一族所有，不得而知。村庄在变化，但村庄还是村庄，知识经济大潮，把更多的新一代们推走，老家就成为歇脚蓄积力气的驿站。当走得更远，老父老母也离开村庄，老家终成为老家时，故乡某个印象深刻的标记，也如我一样，只能在心里将它抚触了吧。

中午，我们去李家北杏的李善周老人家吃饭。

从大北杏村沿村路向南，不多远就是一个"Y"形岔道口，左拐，通向东云门村，右拐，便是李家北杏。原先，莒北的十几个村庄就如此紧贴着连在一起。从20世纪50年代，由于兴建墙夼水库需要移迁，有些村庄才不得不被库区分割为东南西北，隔水相望。

右拐，中途相遇库区。下车，穿过一片丛生的茵陈到达水边。远望去，前方偌大的一方水库，烟波浩渺，水天一色。这只是几大片库区的其中一部分，离李善周老人家不足一里之遥。

几番李家北杏行，我们已和九十五岁的李善周老人熟络起来。老人有三儿三女，只有一个儿子在本村住。用他自己的话说，熬了四十多口人了，都分散在外。老伴去年病故后，身体尚不错的他不愿到儿女家受拘束，干脆一人独守几间房子。

熟菜生菜，我们各买了几样。李晓特意多割了斤猪肉，给他放起来。

大铁锅里炒白菜，闲不住的老人蹲下就往灶口里添柴烧火，说，我比你们会烧，早先的时候不愿意看孩子就愿意烧火。柴火啪啪响，菜香滋滋冒。完了，李晓又去赵增恒家，将他邀到桌前共聚。一瓶白酒，乡里乡亲，聊聊家常，听听老事。一顿饭寻的，就是这个味儿。

原本打算到乔有山上的王老乡那里去吃，但正逢镇上赶集，他卖柿子去了。回程，去看他，他也刚回家吃完饭。迎向我们的他，大大咧咧说着话，满身的知足感。院子四围，蔬菜果树遍植，一垄垄，一排排，十分诱人。小葫芦大葫芦爬满屋顶，又让主人牵引到树上，于是树枝上高擎低垂，像极了长满葫芦的大树。劝他，悠着点儿干啊，七十多岁的他辗然一笑，我儿子也这么说我，可别累着。他刚走了，回潍坊，柿子、山楂、茄子、大葱，都带了不少。

说话声，间杂着山下基地施工的铲车的轰鸣。脚下的乔有山，一片安宁之态。

集

遇到了张仙村村集。

算是不期而遇。要去五木匠家见那部族谱，理顺一些事由，不承想赶巧那天是村集，就在五木匠家门口不远。先撇下他家不去，趋前去瞧会儿。村集对我而言是新鲜事，不是说没见过，而是很多年没见了。现在有时做梦，还去赶小时候故乡的村集。因为我们所在的村是镇集，很大，邻近村子都去，印象里熙熙攘攘。那时家里日子过得紧巴，省吃俭用。但逢集，货源多，相对便宜，对于忍耐不了馋嘴的小孩子，它无疑关注度极高，到那天就一门心思想着母亲去赶集，买回些平日少有吃到的食物，解决下寡口淡胃。

集，对我，简直是宝藏齐全又价格低廉的代名词。何况这处在莒北腹地的村集，吸引力立时被调动。

集不大，人也不多，显得清朗。清朗的原因，还来自沿村集径直向南望去，七宝山、瓮山清清楚楚映在眼帘。和前后张仙村一样，同属五莲高泽镇。村集有黛青色山头罩着，也就愈显天清气朗。各个货摊，设在南北大路和一条西去的岔路口小道两边。除卖猪肉和卖火烧大饼的案板支得略高，其他一溜儿望去，都用块蛇皮袋或塑料袋垫着摆在地上，青颜色萝卜、红颜色山楂、黄颜色柿子，花花绿绿，基本一条直线铺延开去，甚是整齐。不整齐恐也不行，中间的路还要通车，南来北往的，不能滞了贯通。

这时候的路，显出它人车共享的最大功能化。

分前后张仙的张仙村，村集设在前张仙。先前我们从北徂南，先经过的是后张仙。街巷、房屋等总体气象，看起来逊色前张仙，至今仍有20世纪60年代建起的房子在使用。村子寂静、冷清。就在寂静冷清的村里转时，见有一五六十岁农妇，头戴束发青帽，肩背手拎大包小袋，正脚步挪移往家赶。袋里菜蔬青绿可见。那时我还不由纳闷，去哪里买的，是否很远。等见了前张仙集，才知她去集上买的，就在百十米外。

村子里不管气象朗快些还是黯颓些，都有一点相似，那就是"寂静"。走街串巷很少见到几个人，农忙时如此，农闲时也如此。好像专等着出集赶集这天，才有兴致出来大家伙儿见见面，凑在一起唠唠嗑、热闹热闹。

五木匠就是如此。等我们回头去家里找他时，未果，说在集上。找到集上的他，没卖也不买什么，就是倒背着手，站在一处地儿跟人唠嗑。

这样的结果，便是某处摊位，一人卖货，三五与他熟悉的老乡蹲或坐他旁边，空当儿时，拉东扯西地聊聊。在这种情形下，你去买他的东西，秤盘子上称完，绝对不用你在脑子里过一遍该付多少钱，货主刚一喊出斤两，早有瞅着秤杆的老乡替他把钱数报上，货主就只剩了点头，你呢，只管掏腰包拎货就是。

一卖柿子的妇女，左右两边出摊的，皆是熟悉的姐妹，三人高高低低马扎坐着，正相互欢欢喜喜道说家常。平日不舍得工夫的她们，这会儿干活和遣兴两不误，眉眼里也就无不透着轻松。见我问价，卖柿子妇女转过头带着刚才的笑脸，说，不用捂的柿子呵，今早才下树，我刚吃了仨，当早饭了。说完回头用眼找她弃掉的柿子蒂儿。

村子里不缺柿子树，到了立冬前后，金灿灿的柿子高擎院落、街角、巷尾。之前曾在村子当街遇一农妇，看她家宅院里几棵柿子树果实累累，没忍住诱惑，笑问能否摘个，她立即热情回句，摘吧，并扬手指向其中一棵，说那棵好吃，摘那棵，不用捂，直接就能吃。其他几棵的，下树就喂羊了，涩的，还得捂，羊不怕……

摘推荐的那棵，果然好吃。也才知羊也吃柿子，并且不缺柿子的村子，有一部分是留给羊的。

不缺柿子但又摆在集上卖、可以直接吃的，味道一定不差，你会相信那卖柿子女人当早饭吃了仨不是玩笑话。

岔路口小道旁，萝卜红薯摆卖。萝卜码放得整齐，缨翠身青；红薯则粘着土坷垃，头尾不分地一股脑儿堆着。小道一边，紧挨了块暂且闲下来的田地，有野草间杂，与道旁矮坡上的野草混成一体。一股脑儿堆着的红薯，就堆在这道旁和田地连接的矮坡前，与野草、田地为了伍，也混作成了一体。区别城市里集市场的丁是丁卯是卯的容裹地儿，村集的贴村贴土、有序又不拘束的貌状，就有了无可替代的乡野味道，清亮，泼洒洒，地气儿浓，就像它们刚刚从土里出来，尚带潮润、现出现卖一样，瞧一眼，就生购买欲望。

乡野味道，怎会缺了锄头镰刀铁锨镐头类的加入。在一筐山楂和几捆胡萝卜间，它们肩并肩、脚挨脚，互相连靠又不拥挤，排排场场列在眼前，正儿八经接受买家检阅。只是没见到竹笆有卖。幼时记忆里于它印象最深，常当玩具扛着，在初冬大量树叶飘落时，帮大人搂草当柴烧。现在农村条件总体在改善，煤气逐渐驻家进户，减少了柴草用量。再说木柴差不多十几元就买一板车，够用半个冬天，不耐烧的树叶类就冷落许多。

记忆不定何时会牵出来。某一物出现时——不管它出现于眼前，还是仅存脑海，都带着那个时代的余温。那余温告诉我，你从哪里来。曾经的"那里"，是怎样一去不再复来的所在。

村集也是如此吧。很多年没见了，再次见到，所谓的"新鲜事"，不过就是不经意间同时光烙痕的一次邂逅罢了。

大号方便袋，萝卜一袋，红薯一袋，装进了后备厢。因为急着去五木匠家，不能细瞧，匆匆忙忙离开。未到中午，从他家出来，不料，村集已风卷残云般消失，一如我的匆忙离开，也一如转眼即过的那些岁月。

族　谱

　　未想到一部包括王尽美在内的"张仙王氏族谱"会吸引我。

　　"张仙"为庄名，分前张仙村和后张仙村。前张仙村为王尽美祖居地，我们也是在那里的一户人家中见到了族谱。

　　那户人家的王明诚老人，八十二岁，人称"五木匠"。在家中排行老五，但不以木匠活为主业。曾任当地汪湖镇多种经营主任，宝山电线厂法人代表。为此曾被县上评为先进个人。他是族谱的拥有者，张仙王氏十六世孙。族谱的"序"由他而作。他也是族谱编修的主要参与者。

　　称族谱为"一部"，体量的厚实为其一。它分上下两卷，共两千多页，外面有特意为它定制的书型盒放置。每次打开，取书，就小小仪式般先有了珍待。

　　可当初，打开书型盒，露出它深红色硬壳封面时，我在作壁上观，持不以为然态度。以往于族谱的印象，无非宝塔式树系结构里，一列列世系呈现。况且大部分姓名陌生，更把距离拉开。当就这样作壁上观有一搭没一搭地瞥上一眼时，却慢慢发现了它的不同凡响。它更像极有价值的"书"，而非简单罗列的族谱制作。

　　就像珍待它的存放方式，于族谱制作，倾尽珍待。

　　此为称作"一部"缘由之其二。

　　追本溯源。像人立在大地需追索的根基，族谱以远古祖先盘古氏、有巢氏、燧人氏、伏羲氏、女娲氏、神农氏简介拉开序幕，图文并茂。再从黄帝、黄帝四十二世孙周灵王太子晋公、太子晋公二十六世孙览公、览公之孙——号为"乌衣巷世家"的导公，最终到明洪武二年，王氏中最大的一支，名曰三槐堂十五世孙——张仙王氏始祖良臣公为开端。至今六百四十多年，开创出张仙王氏万世基业。

一页页观览，是简洁明了的人类繁衍生息史。

翻寻，王尽美，处十六世系录中。

序言，于他也有提及：特别是近代王尽美，为建立新中国呕心沥血，鞠躬尽瘁，名垂青史。

历代见于国史方志的族人，在世系录中都会或详或略提及，内容涉及纪念图片、事迹、传略、科研成果、著作、荣誉、忠义节孝。

无意中翻读的一页，有"我的父亲"传略。"父亲"为王秀之，窑头村人。1914年曾在枳沟高小读书。从时间推算，为王尽美当年同级不同班的同学。新中国成立前曾任国民党莒县县党部执行委员。杨虎城部驻扎鲁西南时曾代表县党部与其联系，以提供部分军饷为条件，请杨部帮助剿灭地方上土匪。后辗转到陕西宝鸡凤县工作。宝鸡市民盟委员。旁边为一家十一口人的三世同堂照片。

还有毕业于济南省立第一师范的王仁之（字寿山），从简介推测，为王尽美晚入学一年的校友。

以上都是鲜见的发现。

而在后来一次，我们去窑头村，意外见到了王仁之的一座碑碣，1994年所立。上有"寿山老人勤奋一生，为家乡办教育做出贡献，堪称楷范"的书镌。是王乃征敬题。碑铭为王仁之学生王玉宽所书。看碑铭，果真与既是本家又是同校的王尽美存在交集。青年学生时期曾同王尽美一起积极参加五四新文化运动，更在任莒县城高等小学校长、莒县教育科督学员及教育科长时期，与王尽美关系甚密，为促进国共合作和北伐战争作出了积极贡献。

为人物之间关联的落实，为之一振。而关联里又有关联。字容普、号精勤室主人的王仁之学生王玉宽，亦是不凡之人。生于民国之初，退职前为山东省人民政府文史研究馆馆员、临沂地区书协主席。当时鲁中南行政公署、莒北县政府及其所属机关所用印章大都出自他手，并有作品被中央文史馆收藏。在他去世五年后的2008年，嫡孙与其生前好友，发起创办了王玉宽书画艺术研究院。

王玉宽的出生地源河村，也同属莒北。

同乡、校友、同学师生，他们也都同属莒北这块土地上的热血人士，敢担负，有作为，重感情。于他们自身，于后来者，人生某种信条的拾取——不管是从文字中得来，还是从耳闻目染中得来，都毫无疑问会成为助推力，使他们得以以明快向上的格调立身、生存，并发扬光大。

作为王尽美后代——处张仙王氏家族十七世系的王乃征，十八岁成人后，即追寻他父亲为革命工作一生，劳绩卓然。族谱里，亦少不了对他的介绍。

族谱即将付梓的2008年夏天，为确保准确性，王明诚和王正民、王清生作为族谱的参与者，千里迢迢奔赴辽宁沈阳，将涉及王乃征的个人资料请他过目，并征询意见。在那之前的2007年2月，书法造诣也相当精深的王乃征，已应阖族要求，为族谱题写了谱名和题词。那年夏天相聚时，又给他口称四弟的王正民写下一幅字，沉甸甸的四个大字：故土难舍。右首上款：正民四弟存念。并一起合影留念。次年，王乃征与世长辞。

从2003年至2008年编修组成员跑遍大半个中国收集和核对材料、历时五年终于完成族谱。当族谱从盒子里取出的片刻，一切看起来似乎云淡风轻的出现，却是一石下去久不见回声的一潭深水。我得以有缘识得这潭深水。

族谱初修，为清代乾隆年间的1743年。至1909年，已经过五次编修，五次编修均以毛笔手抄本传世。万言巨著，字迹工整。

我们后来去五莲县城，也见到了王正民。他与王尽美同为第九世系分出的一支。他说，"文革"开始后，老族谱遭到没收烧毁，当时前张仙村主任王玉溪，用棉袄偷包出一摞册本，分别为同治年、宣统年两套完整的重修本和部分零册残篇。这被抢救出并珍藏的历史资料，成为2003年族谱续编不可或缺的参考依据。否则，失了线索断了脉络，将无法进行。

这些，都给了后人们在隔了近一个世纪后，第六次编修的"珍待"。

珍待老谱本的存在，故族谱后面，出现老谱本的部分影印图片，以飨广大族人，识得，品鉴。最末部分，留有多张空白页，只在顶头中间位置，认真印写"余庆录"三字。不明白，问他们，说"留出余地"之意，子孙后辈代代有，需给以后的续谱留出位置。这像作文的承上启下，是规整谨严的一本族谱所不可遗漏内容。

1909年完成的第五次编修，由于与现在距离相对近前，编修人员的名字都还存有记录。第六次编修，便在世系录中将那次参与的族人无一遗漏加以说明。如此，同样出于编修的规整和谨严，亦是尊重，更是对家族传统文化延续的致礼。

事实上，族谱世系录里或详或略对每一族人的介绍，都是耐读的命途异同的触碰。缩减在半页或仅仅几行字上，像留白，供他人揣摩，更给有血亲关系的后人们"纪念式"领略。

"纪念式"领略的维度建立，便不会只局限此项类别呈现。人与自然休戚与共，土地，山岭，水泽……与之连接物象也就皆入族谱。

我们沿途隔着墙夼水库望到的几座陌生山体，在族谱图像中得到确认。族谱中，还以墙夼水库东坝为坐标，标出前张仙、中村、后张仙和赞子崖旧址，以及后来由于修筑水库，村庄整体迁移至西北方位的新址。当然，标注也不仅仅限于出现图像和名字，山岭和村庄在里面都有它的来历讲述，如为啥叫七宝山，窑头村为何得名，都可弄清。

也许族谱的价值，更多存在于诸如此类的细节当中。主体部分的世系图、世系录，都在相应下方标注出互为查询的页码。不管血缘亲疏、婚姻嫁娶、兄弟姊妹，还是子嗣兼出、抑或迁徙居地，都在严谨有序的排列和陈述下一目了然。

"大事记"，也让我们同去的几人连连称道。记录在族谱末。从泰定元年（1324年）始，到成书的2008年止，依时间顺序，将各个年代、各个年代再具体到哪月甚至哪日，全部予以表述。譬如1965年的记载：9月，县抽调250人参加地委"四清"工作团，赴高密县参加"四清"工作。是年，洪凝至李家坡公路建成；水电部召开的全国库区移民现场会在五莲召开，与会人员参观了县内库区学大寨的典型龙头湾和东云门村；五莲县汪湖公社的大北杏村、王家北杏、郑家北杏、河北、墙夼5个村划归诸城县。其中大北杏村我族族人很多。

……

"四清""学大寨""公社""库区移民"诸如此类带有历史印记的词汇，离身处这个时代的人遥远又似乎切近。遥远，指我们相距某个特定年代有不短的距离，像一幅已然褪色的老画，画面里的物像，只从还能辨析的凝重或热情的笔触里，揣摩那些声音。切近——有谁能说他空中楼阁样不会和过去发生联系呢。我们，父辈，祖辈，或更远的曾祖，身为凡胎，每个人都被时代、时间所挟裹和推动，犹如融在大河里的一滴水。

故"大事记"所记录之事，无不也是一个国家和组成国家的人前进历程的勾画。

更何况，我生活的诸城，同莒北咫尺之隔，族谱打开在面前，那些人、事和图片，也就没有任何违和感进入视线。

在后张仙，在后张仙老人家院子里，进入视线的张仙王氏族谱，就在不愿挪移里埋头一页页翻下去。

里面，盛着温情又沧桑的人间。

柴麓崮记

柴麓崮，周边村庄的很多村民都习惯叫它“柴络府”，我们若向路人打听：柴麓崮怎么走啊？他们十有八九会接：哦，柴络府啊……

“柴络府”是早先的叫法。后来旅游文化部门给它报名上册子，就依据山突兀而起的“崮”的形态，再综合清代许孟人所著的手抄本《山窗笔记》之《柴庐崮狐三则》中的“庐”字，起出“柴麓崮”这个听起来动听的名字，就像一个孩子上学，正正式式给起的学名。但前一个名字总归根深蒂固，一辈辈人就这样叫下来，叫顺口了。

我们在前张仙村向王明诚老人打听时，他就这样一口一个“柴络府”地叫着。我们去他家是想再见见那部张仙王氏族谱，查询关于王尽美的一些族脉资料。王明诚同王尽美都处十六世系上，王尽美为十六世祖，王明诚为十六世孙。老人八十二岁，是在世的张仙王氏里面辈分最高的人。族谱的“序”就由他作就。序末，缀“明成熏沐敬序”。“熏沐”，即熏香沐浴。后来才理解为何加这俩字。编修族谱是一件承前启后之大举，极其郑重，需怀了虔敬之心待之。

村里人称“五木匠”的王明诚，一手好木匠活，辈分高，又在镇上的公家干过，在族人中就颇具威望。在他家院落里还未站定，他就先从屋里扯出一矮腿吃饭圆桌，摆上茶壶茶碗沏上茶水，再拎出马扎招呼我们坐下，才算开始谈起事情。

前后两次去他家都如此，好像不沏上茶就枉去了自家一趟。这样的礼数怕也根深蒂固了，同"柴络府"的惯称一样，长在骨子里了。

从后张仙往西经过中村，再取西北过东逊峰村就到了柴麓崮。

柴麓崮

乡村里的庙不像名山大川里的庙被山坳围住或圈在一隅，它们总像泼辣辣的乡里孩子，自由自在沐在野间，四无遮拦。四无遮拦，是因为取了所在一处的制高点，还因为庙宇少了里进外进的多间布列格局而不会互相遮挡，于是乎单纯许多的视线聚焦，将清清朗朗的四野纳入眼中；于是乎站在庙旁俯瞰，水、林、田、村之景尽纳眼里，高低错落，相互环抱，不疏不密，铺排得恰到好处，让你禁不住瞧一眼再瞧一眼，想知道那万绿丛中露出一团红瓦房顶的村子叫啥名，想知道盛着那汪碧水的湖是什么湖，稍远处的一组齐整建筑又是什么单位，总之被一方天地吸引了，万万想不到寻常的乡野物景一经组合，竟有如此好情调，绝不输别处有名有姓之景。

看得出，当初先人建庙选在柴麓崮的谨重。庙安人心，境护庙魂。柴麓崮四围不远，皆有村庄。东逊峰村甚至就贴靠于此。在一亭子间遇到一老农，问他那团好看的红瓦房顶的村子，他分出手，边说边往他左边、右边、前面指指点点。才知道红瓦房顶那儿和东逊峰村有密切关联，叫后逊峰村。有"后"必有"前"，前逊峰村就在它东南方向，搭眼望去，也夹在万绿丛中，端端寂寂着，少了红瓦房顶的夺目。而恰恰这个"前"，为立村生根的先导，不单单指方位。立村，起始于宋代王姓，依据风水，取名巽凤。明初韩姓从江苏省海州迁此。徐姓历三世又迁此。王姓衰亡后，韩、徐两姓以村西北山势险峻，更名为逊峰。因建了后逊峰，遂更今名前逊峰。柴麓崮山前的东逊峰，属1960年墙夼水库建成蓄水，前逊峰、后逊峰部分居民迁移组成。

别小看哪怕一个小小的村子，每个名字都有它的历史渊源，而名字往往从自然中汲取。人的生命得益于自然，和自然休戚与共，智慧的老祖宗都深谙此道，将它赋予村名，或在其他命名上呈现，辈辈接手，比如"逊峰"，比如"柴络府"。

当地还有一种说法，"柴麓"出自"豺鹿"俩字。"豺鹿"自带山野气。等实际看过，山苍岭奇，沟壑纵横，确是如此。据说早年间那里野兽出没，故取此名。也是在早年间，柴麓崮有岱宗神女碧霞元君祠，后在运动中损毁，现在建有塑着泥像和挂有画像的老母庙及旁边多座小庙。一人多高的小庙，有为石洞，有为砖屋。石洞称作仙人洞。其中一洞，名号特别，曰"十大名医"。手写体的四字，一笔一画，写得极尽用心，就刻在洞口上方，是专为放名字砌出的水泥块，虽粗糙不规整，但与石洞粘连，像石洞戴的一顶帽子。旁边为它竖的石碑，却颇为精致方正，精致方正的还有其上的四行竖体字：十大名医大神医，行医治病救苍生。妙手回春病治好，大恩大德记于心。下面立碑人标注：宋××，于二〇一四年三月初三立。

肉身困苦，疾病占其一。人活一世，也难以保证不生病。建这洞，立这碑，以直截了当的方式表达了人们的心愿。至于石洞里有没有仙医塑像或塑像有几个已不重要，重要的是"十大名医"四个字的定义，以及石碑上的字所代表的众民心声。这又让人想起徐腾的《他奶奶的庙》。"讲究审美的官方庙，要的是一个社会意义、一个文化的姿态。但民间的很多东西，它并没有这样的使命感，在和外界文化初期接触的过程中也并不是那么精致，很多时候还表现得很笨拙，但它的态度非常真诚，在和这个现实的世界发生着千丝万缕的关系。其实文化就是这样的，它不是一个固定的样式，也不是一个抽象的概念。如此，才会有特别多的活力。"

还有砖屋。砖屋为红砖墙红瓦顶，像极了缩小版的农家屋。前面同样竖一石碑，上刻"心诚则灵"。不知道是不是当初建庙之人立碑时，对于能力有限或囿于空间只能建成小庙，以此四字聊以自慰，抑或只是心愿的表明。

可以确定的是，民间的庙就是可以这样不受拘束，自由发挥。

蔚为壮观的是庙外的石牌坊和石碑群。石牌坊因为高大，石碑因为众多。在只有蔓草灌木、背景空旷的山坡上，比起寻常庙间的牌坊和石碑，就显得气派隆重许多，乍一见到，我啧声连连，想不到名不见经传的小山上另有一番乾坤。

近前观瞻，所立石碑，名目五花八门。敬柴麓崮老母，敬如来佛祖，敬众仙……其间穿插多座功德碑，为历年捐款修缮庙宇的人员名单，铺铺漫漫整面碑石。有这番仪式的感觉在，可以料想到每年三月初三，四面八方香客来此赶庙会的盛况。据说那天人数最多时可达十几万，超过附近九仙山五莲山两山一天的游客量。会有不少在外发展的富商专程赶来，捐款、立碑、挂旗。庙前旗幡，新的旧的，已堆裹得臃肿。旗幡随风猎猎，代表了祈愿人的祷语，传递给神灵。

忽然想起刚进山时看到的那张表扬信，似乎明白了它为何贴在一座庙的庙墙上，而不是村里。

信，白色底衬，上敷一方红纸，红纸上黄颜色字，"表扬信"仨字居中。下写：陈西香——五莲县高泽镇中村村民，几十年做好事不怕苦、不怕累、不图名、不图利，义务防火，打扫街道卫生，方便了群众出行，是一位真正的好心人，助人为乐的模范。她的行为值得人人学习。同心同德共建和谐社会。落款：五莲县高泽镇东逊峰村村民委员会。

信被透明塑料纸压瓷实，再用胶带纸在墙上粘牢，免得风吹日晒褪色。

只要有人上山，走近那座庙，就会瞧见那张有着白色底衬的红纸，瞧见那些字，瞧见字旁边的陈西香像。一个七八十岁、腰不直腿也打弯的老太"慈眉善目"站在写有"功德盖世"四个大字的高大牌坊前。

她是依山而建的东逊峰村好村民，另外意义上，又是前逊峰后逊峰及周边前往柴麓崮敬献香火的村民共同的好村民。故，理应让更多人知道，将善举播撒开去。

我们去前张仙村继而转道去柴麓崮那天，虽已进入11月，但阳光暖煦，王明诚老人依然和我们半月前去采访时一样，穿着板正的中山装，他大门口旁边的那块"共产党员户"的红色小牌子，依然方方正正挂在那儿。王尽美祖籍所在的后张仙村，与前张仙几乎前后脚的距离。前后张仙都是张仙王氏家族的分支。王尽美虽然没出生在那儿，但猜测后来回去过。北杏与张仙相隔不远是其一，南下只十几公里，为祭奠。祖父为生计投奔亲友才去到北杏村。王尽美未离开家乡就早已怀揣的家国梦，让他不可能在有机会时不去周边乡村探观民情，包括后张仙自己的祖居地。这是其二。或许茫然之际，踏足柴麓崮也不是不可能。

如今，一切都烟消云散，不同过往。唯一不变的，是希望一直在，就像我们有形无形一直存在的祈愿。只有关美好。

传承意义之所在

某一日，在一人声嘈杂之地，没有预兆地，贝多芬的《月光奏鸣曲》传到耳中，瞬间，嘈杂之声被隔离，抽身到安静角落，只剩下与它的无限接近。乐音仿佛被赋予了魔性，让你心神凝注，溺沉其中。我知道，那里面，除了它作为音乐经典的魅力，还有久违的与它再次相遇的感动。凝注、溺沉，因此有了它时间深处不可磨灭的所在。所在里，每一声喘息，每一个安静或移动的影像，生动和肃静都在。

你如果去望，便出现在眼前。

于莒北的探寻之路，便是望出去的那些所在。

王尽美，若从他出生时算起，到2018年已过去了一百二十年；若从他去世时计算，已近一个世纪。他曾裹挟在历史进程里，有他作为芸芸众生中的一员为容身为更好地活着的努力，更有他脱颖而出的作为革命志士吊民伐罪的抗争。

对美好现实的"努力"和"抗争"，不能说与他在家乡的启蒙教育没有关系。

2018年11月10日，秋末，上午，天气依然有些燥热，我们的采访设在诸城西安村一户人家的院子里。同时，在等待一部族谱，等待一位族人将他保存的族谱带到面前。对于已久远消逝的人和事的不详，似乎只有一代代留存下来的族谱，是最可靠的查询者。

我们要查询的人，是王新甫。

王乃征和王乃恩在《怀念我们的父亲》一文中提到："记得父亲回家时，常常和枳沟镇高小的王新甫老师一起谈话。王老师是济南法政学堂的毕业生，思想进步，同情革命。父亲幼年跟他上学时，他常常在课堂上发表一些赞扬革新和革命的演说，还启发学生阅读当时的进步书刊。父亲在读书时受他影响很大，所以，父亲对他很敬重，每次回家总要去拜访他，同他交谈一些革命的思想。"

在《王尽美》中有这么几句："那时的大北杏村有个戏班子，王尽美常到那里去玩。他从小就有文艺天赋，在枳沟读书时跟王新甫学会了吹笛子，常吹奏《满江红》《苏武牧羊》之类的曲子。"

"幼年跟他上学时""在枳沟读书时"，都指同一个时期——王尽美在枳沟读高小时期。

由于家庭贫困，断断续续上学的王尽美，到上高小时已经十五岁。那是1913年，也是北洋军阀混战时期，时局动荡。"当时，在枳沟高小聚集着一批进步知识分子，他们经常谈论时事政治。其中，给王尽美任课的王新甫老师最激进。"

王尽美十四岁时，随同他初小的老师一起从大北杏村到诸城县城，参加诸城脱离清政府而独立的庆祝活动。那次庆祝活动的场面让他眼前一亮，也心头一震：革命军四处张贴标语，打开粮仓救济贫民；有学塾、小学和公学的师生在宣传、演讲，"驱除鞑虏，恢复中华，创立民国，平均地权"的口号声撼天动地。接下来，异常兴奋的他，也跟着别人，毅然决然剪掉发辫，表达对清王朝的反叛。他成为诸城西乡一带剪掉辫子的人中年龄最小的。

如此举动，放在王尽美身上并不奇怪。聪明好学又勤于思索的王尽美，对跟自己命运密切相关的不公的社会现实异常敏感和排斥，为自己为世道奋争的一腔热血早有蓄积。次年，与传播民主进步思想的王新甫的相遇，无疑是觅得知音般的相遇，也是他以后投身革命的重要推动之力。

秋阳下，终于等来族谱，装在一个可以手提的纸盒里，被一位步履蹒跚的老人提来。望到，赶紧向前搀扶，不料他停住脚赶紧连连摆手，说，我自己走，别人帮，反倒走不了步了。一条腿有伤病的他，走路需把重心小心地放在另一条腿上，依着自己用劲的节奏，慢慢往前挪。但他一旦坐下，说话的滔滔不绝和敏捷思维，又是一个分外健康的老头。

大纸盒里还套着小纸盒，族谱就被装在小纸盒里。和我们在五莲前张仙村见到的另外一部族谱一样，都被珍重存放。一为《诸城王氏族谱》，一为《张仙王氏族谱》。隔些年就修订一番的沉甸甸的族谱，犹如一本万年历，记载着一个大家族绵延的所有的枝枝节节。

翻找，王新甫列十九世，姓名在前首醒目标出：瑞年。族谱中这样记载：瑞年，字信甫，于民国元年（1912年）利用本村庙存产，兴办了诸城西乡第一所国民小学，自任学堂堂长，并任县劝学所劝学员，为发展诸城教育事业做出了积极贡献……才知道，之前面世的史料中出现的"新甫"应是"信甫"。"信甫"，是他的字。

生于1877年的王新甫，民国元年（1912年），时年三十五岁，正是春秋鼎盛的年龄，在骑着毛驴奔走各村进行劝学的同时，不辞劳苦地去到枳沟高小从事教学。在那里，他思想的激进和民主开明，给后来走上革命道路的有志青年以深刻影响，如王俊洲、王幼农、张希贤，还包括他的次女女婿王征绶（王道）。

王征绶为大北杏村人。对此，我们曾去那儿试图找寻他的后人，希望于他能有进一步了解。但几番周折，终未果。历史的洪流把人推远，如浮萍样，再难以觅寻，不知踪迹。

找寻和采访王新甫的后人是顺利的。那个秋日的上午，我们坐在一户人家的院子里翻阅族谱，这已是到西安村的第二次造访。那户人家，是王新甫直系后人王启光的家。他称王新甫为大爷爷。祖父王尧年是王新甫三个兄弟当中的三弟，毕业于省农林学校，在本村小学任校长多年。

已六十多岁的王启光现居儿子所在的济南市，不常回乡。院子里几个年长的本家人，是他这次回乡于各家邀约来的。平日不常走动，这次凑在一起，加之谈起旧事，便格外话多。最健谈的，当数那位提族谱的老人。他谈起诸多王新甫的逸闻逸事：帮偶遇的一受屈男人打赢官司的"帮穷人写诉状"；奉劝人不求虚荣讲实用的"走远路就要穿旧鞋"；评断借粮归还时人心是否诚实的"志心斗"……有关"志心斗"，他朗朗上口两句从那时流传下来的顺口溜：为人心不诚，记下斗和称。"志"，乡言俚语中作为"评断"或"检验"的代名词，如"法官"，维护调协着民间秩序。穷民穷邻，到王新甫那儿断评公允，不仅仅出于他家斗的容量的标准，怕是更出于乡人对他人品的看重吧。

这些，是讲述的老人从他的老一辈那里听来的，此刻又辗转在我们面前。他讲得有味儿，我们也听得入心。历史被推动，时间如白驹过隙一般消失，如果人性向"美"向"善"的理道不灭，那么被推动、在消失的同时，也把真义浪里淘沙地留在世间。所谓传递、承接，此为一谈。

另外之事，存在于师生之间，当时王尽美作为穷学生之一，买不起习字的砚台。同样不富裕的老师宽悯在眼，买回一块，送给了他们。他们合用，一直使用到高小毕业。后来砚台流转到李孝英那里，由他放存起来。再后来由他的子嗣留存，一直，一直，砚台完好到今。

一个好汉三个帮。王尽美的好学、他的文艺天赋、他从小就存在的革命潜质、他同样悲天悯人的心怀，除却家庭和当时社会历史背景，以及周围人的影响和触动外，老师于他要走的路途、由此承当的社会角色，所起的作用，不能不说至关重要。那么，"父亲对他很敬重，每次回家总要去拜访他，同他交谈一些革命的思想"，当是情理之中的事了。

这是否为传递、承接的另之所在？

如今，一代又一代，路还要往前走，风华正茂抑或垂垂老矣，都在各自的命途里延伸。延伸中，交叠，或者疏隔。忘不了那个镜头，提族谱的老人，末了，再小盒大盒地把族谱装进，提好，缓慢站起来，一步一步，蹒跚走向门外，再回头哈哈说笑着摆手，跟众人道别，然后倒坐在车后方撤掉车板的农用三轮车上，两腿耷拉车下，由他的家人带着离开，晃晃悠悠，慢慢远去。

所望出去的，不仅仅是逝去的不能再来的过去。

一切都没走远

忘不了王军在那晚一时陷入的哽咽。

那时，我们几人在一起吃饭，他讲到父亲王乃征，说住院的父亲，那天晚上除了起床有些困难，其他状况还好。没有睡觉的他，下半夜让我把《参考消息》拿到跟前，说你举着，我看看。我取过报纸照办。没有想到，父亲就在那一刻，走了……

最后一次父子相依的场景，一定已刻入王军内心，近十年过去，触碰，依旧清晰如昨。

清晰如昨的还有他有次陪着父亲参观他的学校。那是20世纪80年代，王军从连队进入石家庄陆军学院深造。作为现代军人，他感到颇有必要领着当年只是土八路的父亲看看他们的教学设施，以及现代化的兵器。对此，骄傲、得意无不显现在脸上。不动声色的父亲在跟着他蹚到学员队门口时，停下，问，单双杠呢？王军有些不解，说，这里是高级陆军学院，培训的是团以上干部，要单双杠干吗？接下来，父亲看似漫不经心的一番话，却给了王军深刻警醒。

"你知道贺龙元帅吗？军衔比你高啊，抬枪就是十环。"

"彭德怀是元帅吧？抬枪就是十环。"

"你将来别管当多大官，回去是要带兵的，带兵你要跟士兵打成一片，干什么都得在前边。"

那时父亲已近离休年龄，副军级。从1937年参军走上革命道路，戎马倥偬大半辈子。参加过解放战争时期著名战役"四保临江"、三大战役之一"辽沈战役"。从任连长、指导员，到沈阳军区科长、处长、部长，再到吉林军区参谋长、副司令员，没有哪一步，不是扎扎实实认真走出来的。

醒悟了的王军，以后不管什么训练科目，他一定要站在全连的前面。投弹射击，五公里负重越野，百米障碍……

陆军学院毕业，成绩优异的王军成为一名更高级别的军官完全没有问题。但未想到，最终，父亲又建议他回到连队。用王军自己的话说，吧唧，又把我弄连队去了。父亲说，你可以当军官，你才能不错，但在基层连队待得时间短了，应该再回去。

王军明白，立世做人，父亲那一辈人不为条件所困、踏踏实实真学实干的作风，也是自己要努力看齐的标杆。起码，要对得起自己名字中的"军"字。再后来，父亲给王军女儿起名"王丹娃"，也不难看出红色基因传承已在王家发扬光大。这是后话。

王军在连队任连长

再次回到连队的他，虽然只是一名连长，但各方面的出色成绩已引起高层重视。有一次，军里的首长让他去讲课，给出一个大题目《毛泽东军事思想》。他感到较为吃力的同时，全力以赴做好准备。讲课反响很好。之后作训处处长找到他，赞赏说，没发现啊，你这个连长不错嘛，有什么想法可以跟我谈谈。

会有什么想法呢，同窗战友们大都进了城，他还在大山沟里带连队，几乎见不到什么人。但他不想枉费了父亲的一份期待。"知子莫如父"，唯有在连队踏踏实实，好好历练。

历练的过程，也是他深入理解父亲的过程。干就干好，有一身过硬的军事本领自不必说，还有，便是做人的低调。父亲对子女们命令式规定，禁止向别人提到与王尽美的关系。以致前前后后，王军当兵十几年、带过两个连队，从士兵到军官，从连队到机关，直到离开部队，也只有很少的战友知道他家族的历史。

包括转业到地方。

包括到退休。

直至退休两年后的"七一"，单位来人提个花篮闯到他那里，说，老领导，想不到啊，咱这里还有位名人后代，给整了个花篮敬上……

今年是王军退休后的第三年。此次回故乡，是今年内第二次。第一次是6月份，参加故乡诸城为祖父王尽美诞辰一百二十周年组织的纪念活动。如今时隔五个月，应茂腔剧团邀请，再次从居住的沈阳千里奔回，参与《王尽美》剧本研讨。我们几个探究王尽美革命足迹的同好，也得以第二次与他见面。

研讨活动结束，我们一起驱车到他祖父母的居住地等几处乡村转转，也就有了那天晚上我们一起吃饭，他回忆起往事时情到深处的哽咽。

那天晚上，末了，他说，我讲述的关于我们父子之间的故事，如果你们搞创作需要这样的素材，完全可以换掉名字，以免别人以为我在弄什么高大上，只需知道我们的父辈曾经这样干过，如此就好。

我理解他，理解他的低调，和低调的来处。但我并不赞同他改弦易辙，换成他人的故事。真实存在，永远有其他形态无法替代的优势，更耐人品咂，更富生活和生命流淌的质感。

兄长王德，也是那晚他谈及的话题。1958年，十四岁的王德由于风湿性心脏病，早亡于北京协和医院。

王军在《永远的母亲》一文中，根据母亲的回忆，对王德有较为详细的记录。

是记录，也是以记录的方式，追思不再回来的那些年月。

后来王军去北京，专门到八宝山人民公墓祭奠了兄长王德。那晚谈及的便是王军在公墓那里找寻其墓地的曲折和戏剧性过程，感人，也感叹。也是从那晚后，我注意搜寻其家庭成员的相关资料，知道除了王德，王军之上还有三个哥哥。和其他顾不上家的革命家庭一样，孩子出生后不久即寄养在老乡家。双胞胎的老二老三，同老大的命运相同，幼小时即因疾病和饥饿早亡。王德是四子，父母决心自己带着，即使如此，战事紧张时，也只能将他放在堡垒户家寄养。

晚年的父母，常思念已经过世的几个孩子，更是常捧着王德的遗照发呆，且往往情不自禁泪流满面。

母亲臧校先病逝于2013年。母亲的老家也同属莒北，与父亲从小生活的大北杏村相距不足七华里。两人亦是日后共同抗敌的战友。她二十一岁入党，一年后到五莲县山纵二支队民运工作团，两年后，成为山东沂蒙地区抗大一分校女子队学员。再两年后，到敌占区莒北四分区二委，从事秘密交通联络工作。其后又辗转东北辽东、沈阳军区等，直至1955年复员，工作和生活才算基本安顿下来。

在五莲山区参加革命工作那段时期，最为艰难，也是母亲最为难忘的时光。行军作战，征集军粮，动员参军……沟沟壑壑，都留下了足印。20

世纪70年代，母亲带王军回家乡探亲时，特意到那儿转了一遍，那时王军十几岁。弹指一挥间，四十多年已过。此次回来，五莲之行，是王军列在计划当中的。他要再去看看母亲当年曾待过的地方，走走母亲曾走过的那些村、那些羊肠小道。如果说未曾见过面的祖父王尽美对于王军，显得些许疏隔，身影、足迹、人格魅力等，需要从父辈那一代人，或者媒介中去获知和感受，那么对于耳濡目染陪伴自己长大成人的父母亲，那种亲切又伤怀的弥漫感，是何时记起，何时就存在的。

五莲高泽镇窑头村，有一座由父亲王乃征题词的颂德碑，是1994年为当地办教育作出极大贡献的王仁之所立。那天我们转到那里时，已暮色四合，碑上的字若不打手电筒已很模糊，王军还是站在碑旁，留影一张。有至亲的痕迹在，就若时光又有了流转，如此，一切就都没有远去。

还有在李家北杏，他向巧遇的李善周老人的探询。老人当年十二三岁时，王乃征所率领的一抗日军队指挥部曾驻扎在此四十二天，记忆最深的是他教他们学唱革命歌曲，老人脱口而出几句歌词：请看大苏联，学会建共产，没有土匪没有穷汉，请过太平年……老人讲得兴致高，他听得劲头足。

是的，一切都没有走远。

野菊花

我从没去过这么多村子，也未曾想到对一个人细细探究，要关联到多个村子。人是社会人这个属性，注定在一个人消失后，不会彻底了无踪影、只剩传说，如贴着土地生长的庄稼，这茬没了，另一茬再长。即使彻底荒芜，作为土地本身，与别处土地相连的事实，也永远不会被单独分割、孤立出来。

作为一个人的家族血脉，注定脱离不了与土地的瓜葛，休养生息，有他的根在。

王尽美家族血脉的根，与莒北这片土地相连。庙后，张仙，辉沟子，东云门，李家北杏，北杏……这些村名，我不知道已存在了多少年。村庄样子会改变，随着岁月的流逝，凋敝或者兴盛，但村名不会被轻易改变。即使因某种原因流失，村名也还会刻在脑海里。"老家"，亘古的土地，有谁会没有"老家"。

一个人若有他特别的一生，而且这特别一生的大部分时间是在乡村度过，可不可以说，当他在外乡，回头看给予自己容身的那片较为集中的土地，会统称它们为广义上的"老家"？比如王尽美与莒北这片土地。

祖籍后张仙村，于爷爷辈迁至北杏；庙后村，其妻子李五妹的娘家；辉沟子村，外祖母家所在地；李家北杏村、东云门村，分别为他陪读时塾师、私塾老师赵锡瑶和张玉生的村乡。

还有与其他亲友间往来交集的几处莒北村落。

王尽美1925年去世，至2018年已近百年。近百年时间的世事演进，这座或那座村庄，已不单单是模样的改变。依然卧在阔达天地间的它们，已是经过了或东西或南北位置迁移后的状貌。1959年，墙夼水库开建，面积跨诸城和五莲两地，牵扯莒北多个村庄。主库区又伸延出多片湖泽。若站在库区所在地俯瞰四围，或坐车前往莒北某个村庄，会被一片片蓝色水光吸引，像南国的水泽之乡。在旧时，它也有水乡划船渡河的岁月。李家北杏村南，就曾为渡口，若需到对面村子，就会有咿呀作响的船只响起在水面。

李家北杏村没有迁移，幸运地保留了一座百年老宅。赵锡瑶，老宅最初的主人，大北杏村见山堂塾师——王尽美给一地主家孩子当陪读时的老师。从李家北杏村到北杏村几里地的往返，赵锡瑶骑着毛驴嗒嗒行过。后来在积沟开办油坊，做起油坊生意，毛驴又载着他，嗒嗒行走在相距十几里地的两乡之间。妻子去世，续弦，多子，生意不得不做，也因此丢了生命。一日，在北杏南岭一个三岔路口，他被大风吹低的树枝刮落驴背，当即站立不起。不久辞世，享年七十七岁。

我们从北杏去李家北杏，需过一三岔路口，不敢推断就是彼时的路口。百年时光说长不长，说短不短。不长，是因为宅第依在，没有随时事变迁湮没；不短，是因为从那座宅院走出的后辈人，有的已散落他乡经年，不再回来，唯剩了故土这个符号留在内心。

而故土，在日夜厮守了多少代人相继逝掉多少代人之后，又将会有一代人，在渐行渐离。伴随的，终还会有他们所历经的过往。在他们那里，某段过往一旦被打捞，历史会一截一截串接在时间的长河中，给后一代人望见来路清晰的迁延。

赵家是当时的大户人家，二进院，房屋打造得结实。但在赵锡瑶去世、他的第七子接手老屋后，房子也还是大费力气地进行了修整。现在看到的，除一面外墙保留原貌，其他窗台以上皆非彼时之容。

非彼时之容的房子终究还是独自寂寞着了，且颓败，近乎稍有风吹草动，就无力支撑。后代的后代们生活工作在外，另觅居所，有什么理由再回原点固守？

没事就坐在大门口的李善周，喜欢面东而坐，是寂寞老宅的陪伴者。几年前老伴去世，同老宅一样，他也是独自寂寞着了。宁肯寂寞，他也不愿到儿女家住，失了自由。八岁就开始放牛、不识一个字的他，不妨碍往事的历历在目。他在我们面前打开了话匣子，村里啥时来了鬼子、莫正民组织的抗日武装游击队在哪儿活动、后来他为何去东北、从东北回来又到了哪儿、在哪儿让鬼子拿了去、拿到了何地后最终又回来……他不说"抓"，一口一个"拿"，也不说"莫正民"，一口一个"老莫"，好像"拿"和"老莫"顺口的同时，更能体现他对家乡人莫司令的熟悉程度——只有

窑头村村民

称呼老莫才不见外。

我们要走，他不得不停下滔滔不绝的话语。瞬间眼神闪过一丝落寞，嘴巴嗫嚅了下，站起来送我们。他耳朵不聋，背稍驼，走路依然风风火火的架势。如此，怕他不小心磕倒，毕竟岁数在那里。他家进出堂屋有个不算很低的门槛，之前看他迈进迈出慢不下来，曾不无担心地提醒。

这般年龄的老人在乡村尚不少见。在窑头村，偶遇一位老妪，着老旧的青布大襟褂，挂杖从家蹒跚走出。眼神浑浊，皮肤黧黑，脸面皱纹沟壑纵横。问年龄，九十九岁。这样饱经风霜的老人，极易让人联想到父辈。20世纪二三十年代出生，都同样从艰苦年代一路走来。让人搭一眼上去，会觑见历史的活雕塑般，觑得见时间的纵深处。

如李善周，如老妪，这些一辈子土里刨食的村里老人，没受过什么教育，也受生活条件所限，只能有啥吃啥和节俭穿戴，亦不懂什么养生保健，甚至令别人捏一把汗的他们出来进去的走路安全，都少了在意。有一份能量就不藏着半份地释放，随遇而安。他们得以长寿，或许这些原因在内。

我们采访跟王尽美有关的家族历史，离不了对这些老人的寻访。年代久远，钩沉不易。即使九十多岁的老人，也与王尽美隔了一代。况且王尽美去世时年仅二十七岁。很多资料，只能线索人里再寻线索人，从多人提供的内容中筛选、串接。如是，每打听到与之相关的人，特别是高年龄老人，免不了兴奋和有所期待。兴奋和期待，是因为我们这代人从他们那里，可以望见某些清晰的来路。

杨家洼村张崇秀老人又算一位，她九十三岁。

从她那里，我们得以靠近了另一位老人郑明淑。郑明淑活到九十七岁，一生不易。

在《王尽美传》中，有这样一段话：王尽美姑姑家有一个表姐，比他大一岁，小时候曾在王尽美家住过几年，和王尽美做伴。两人感情深厚，胜似一母同胞。因受封建礼教的束缚，表姐不能上学读书。每次在姑姑家留宿，王尽美都教表姐识字、写字，还把一些外界的新鲜事讲给她听，让这个普通农家女子接受了一定的文化，明白了许多事理……

文中提到的表姐，名叫郑明淑。

郑明淑庭院照

她十八岁出嫁，夫婿臧宝祯，为一学校教员，符合了她读书人的觅寻。可惜缘悭命蹇，只三年，丈夫病故。亦没有留下一儿半女。她从此寡居孤寂一生。她后来给大队饲喂牲口，并住在那里。再后来，村里规划改造，大队为照顾五保户，统一盖了一排房子，每户两间，独门独院。

独门独院的两间老房子，现在尚还保留，离张崇秀家仅一街之隔。张崇秀六十多岁的儿子在前面带路，拿钥匙，打开那两扇低矮的简陋木门。张崇秀和儿子臧家高曾一度照顾郑明淑。

11月末，没有任何人气的屋里，寒凉清寂，昏暗的墙壁上，挂有张崇秀一张大约七八英寸大的照片。或许送走郑明淑后，她于此生活过一段时间，抑或她以照片方式，来守护此后的一屋空寂，不致太过冷凄。岁月不居，时节如流。物是人不再的屋子，将如流的时节拉长，让所留物什，定格在时间一头，就在一头里凝固着了：一个写有"代乳粉"的20世纪80年代的硬壳筒、盛线香的瘦高木筒、装针头线脑的木方盒……那些针、线等杂七杂八的小玩意儿，夹带着灰尘的积渍，都一同停驻在了时间一头。

在墙角高高的箱柜上方，放置着一本书，踩凳取下，灰尘已覆满，不见书貌。放凳上，弯腰凑近用力吹一下，露出"算术"两字。小字标注：小学五年级下册。一九七一年出版。郑明淑曾有几年抚养过三妹的女儿，应是那时之物。

所未知的，还有后来我们去的与杨家洼相隔十几里的枳沟，意外得知的另一件事情。枳沟四村，郑跃德，王尽美姑姑的第四代后人。在他家里，悬挂着"恩重如山"四个大字的书法条幅。王乃征写给表弟——郑跃德父亲郑焕昭惠存的。旁注：杨家洼臧家郑氏表姑代母抚养我弟兄成长立下不朽功勋。王乃征王乃恩遥拜。

条幅写于2005年。当时王乃征八十七岁。

王尽美妻子晚王尽美几载去世时，王乃征、王乃恩尚幼学之年。郑明淑嗟叹各自命道多舛之余，去到他们身边，倾己之力，扶帮小兄弟俩长大。郑明淑于王尽美、乃征乃恩于郑明淑，彼此之间，均存没齿难忘的情谊。

条幅上的字，让一张张幕后不曾清晰的脸，切切实实显现在面前，也出现大历史背景下切切实实赋予每个人的不堪。"在大历史的缝隙里找到个人史，好像在一堵古城墙的砖石缝里找到活生生的野菊花。"

野菊花，这泼洒又劲韧的野菊花，这温暖又让人感动的野菊花。

在杨家洼，我们见到张崇秀时，她盘腿坐在炕上。没事就炕上坐，是她这个年龄的老太太的通常之举，尤其是冬天。炕上暖和是其一，除此，仿若光阴对于此时的她们来说，只有如此，才会无限放大人生末尾那样一种清寂时分的降临。

对于我们的拜访，她显然很高兴，但并不多问什么，只忙不迭用手拍打着炕席让我们坐，好像我们只是她不常见的老邻居。从我们坐下到离开，近一小时，她始终精力不减，不曾歪歪身子倚靠会儿，就那样端端地盘着腿，跟我们一来二去地说着话。提起往事，有些俨然已模糊，毕竟向她问询的很多事年代太久远。王尽美去世的第二年，她方出生。带给她深刻记忆的，是幼时母亲常带她去北杏看望王尽美的母亲。还有一次照相经历。王尽美去世后有一年，青岛市有关部门带着相机，专门到北杏给王尽美家人拍照，包括她和大姨郑明淑。

没有见过舅舅王尽美、又不识字的她，对王尽美的了解来自郑明淑，她对我们问询的人，回应时一律冠以"你谁谁谁"——"你三舅""你四姥爷""你大嬷嬷"……面前的我们，都等同了她的儿女。偶尔颠三倒四说错了一个地名，待我们纠正给她，她立时羞涩地扑哧一下笑出声，像个灿烂无掩的孩子。

究竟年事已高，久了，话头略显不济，不再忍心打扰。告辞，忍不住握了握她的手。

去见张崇秀，是经同村臧家玉的介绍。他也始终陪伴着我们，饶有兴致地参与话题。他是郑明淑的堂孙，七十三岁。村里规划前他们两家曾东西墙为邻，也曾照顾过郑明淑。世事有时就这样巧妙，后来我们第二次去他家，他老伴朗声朗气说，今天我们回俺老汉（老父亲）家了，他拿出照片给我们看，说采访王尽美老事的人给照的。一猜就是你们……

没想到李家北杏的李善周就是她父亲。

他们串接在一根寻访的线上。何止他们，每个人和身在其中的世事，都在历史的潮涌中，一环一环被推动，相互勾连，比如从这个村庄到那个村庄，从这座城市到那座城市，抑或从过去到现在。

村　庄

　　天已完全黑下来，又下过雨，村路泥泥淖淖，深一脚浅一脚找到了张崇朴家。

　　亮着灯的里屋炕上，老两口正在条桌上吃饭。见黑灯瞎火地来了客人，他们先是一愣，待听说打听王尽美的事，知道一句两句话道不完，老太就忙活着撤桌子。我们忙阻止，说吃着就行，她就说放锅里，凉不了。

　　这当儿张崇朴也没闲着，穿鞋下炕，去西间屋拎出一个马扎，放在炕前，旋即一只手拍打耳朵说，耳背，我去找我儿子来。

　　儿子家离他家不远，不多会儿就推门闪身而入。加上我们一行三人，不大的小屋登时逼仄了很多。张崇朴坐到了炕里边。炕沿只够坐三人，老太、她儿子、采访人。剩下摄像和我。摄像需要坐着操弄机器，我把马扎让给了他。老太脚边有个脏乎乎眉目不清的凳子，进屋时就看到摆在那里，上面撂双同样眉目不清的鞋子。张崇朴上炕前，把那双鞋子拿到了地上，从旁扯过一块布把凳子扑打了两下，就势搭在了上面让我坐。没等坐过去，老太转眼见了，忙不迭把那块在她眼里碍事的布拿开，还原出凳子的模样后方示意我坐。

　　走过的村子，街上和院子里不乏鸡屎和羊屎蛋，加上下过雨，那双撂在凳子上的鞋，就格外有黏附了什么的嫌疑，让本就眉目不清的凳子愈加不清起来。我朝她笑笑，说愿意站着，她也就随我，转脸安静地不发一语，听采访去了。银白的头发，饱经风霜的脸，一个典型的安分守己和朴懦的乡村女人。

末了，摄像给炕上和炕沿上的四人照了张合影。要合影的瞬间，我有和老太挨挤在一起照相的冲动，但总归错失。这让我后悔。乡村出身、见了乡人自感亲切的自己，那刻没能以合影，弥补一下先前举止带来的不安。

张崇朴他们却以毫无保留的心性，淳朴地呈现在我们面前。正如张崇朴这个名。住在小英村的八十四岁的他与住在杨家洼九十三岁的张崇秀，分别为郑明淑三妹的儿子和四妹的女儿，正是在他家里，看到了未曾生下一男半女的王尽美表姐郑明淑遗留世间的一张珍贵全身照。约六英寸大的照片上，粘贴着另外两张一英寸小照片，小照片正是郑明淑的三妹和四妹，张崇朴将她们集中在了一起。当我们揭出想将郑明淑照片带走去翻拍一张，他没有丝毫犹豫，取过照片就把那两张小照片撕去，递给我们。撕是无所顾忌的快速的撕，让我悬着心，直担心他会撕坏，有损大照片完整。

处处遇到这样的村民，淳朴，热心，对外人没有多少设防。一辈子和土地打交道，相对简陋的生活条件，让他们更容易知足常乐，少了对吃饱穿暖之外其他事情的格外在意。他们似乎与本真的自然界更为融洽。在高泽镇下河村，路遇街旁两妇人在推磨，我趔身过去，看她们碾的啥。一妇人忙离开磨拐，弯腰到一塑料袋子前，解开，探手进去要拿什么。我立刻看到了里面七八只嗡嗡乱飞的苍蝇。随即，妇人攥出一把花生米，说刚炒出来，吃吧。我忙伸手接过来。她们在碾花生。袋里的，留出来当零嘴。花生米温热，散发出诱人的香气，但因为眼见了那些在袋子里已不知盘桓停留了多久的苍蝇，顿感无法下嘴，辜负了一份美味，便随手将它们放到了口袋里。

几天之后我再穿那件衣服，手插口袋，触到了那些原封未动的花生米，又想起此事。掏出来，放嘴里一个，出奇地香。离开了彼时彼况，那些所存不再刺眼，唯剩了一份情意凸显出来。

我们要找的那户人家，离碾盘不远。推开门，横七竖八的树枝和十几个方瓜堆满过道，眼看没了插脚的地方。家里八十二岁的李立英老人，我们在路上就已与她碰面，那时她正往家走，怀里抱着的，依然是一个方瓜、几根树枝。树枝是烧料，方瓜是主要口粮之外的副食。乡里人家屋前屋后，墙头旮旯，不时触眼藤藤蔓蔓间露身的方瓜。方瓜极易扎根又不用特别打理，且收果后可长时间存放。只要有地儿栽种，农人何乐而不为。于是农家院子的过道里，到了深秋时节，就会有大大小小长短不一堆放的方瓜，是地道的农家符号，一个时节被它们渲染得像模像样。

李立英老人黑红皱皱的脸，又是地道的农人符号。深秋依然浓烈的阳光下，她黑红皱皱的脸泛出些许光泽，是饱经一日日岁月时光淬炼濡染的光泽。李四是她的四爷爷。我们就坐在院子里与李立英聊这些过去之事。地上，到处可见羊屎蛋儿，还在一旁起了一堆，用来沤肥。在浓烈光照的罩烤下，院子里的气味可想而知。苍蝇三五成群，扑点在它们想扑点的任意一处，嚣张、慌乱。李立英脸上，始终羞赧般闪出丝丝笑意。头，微微有左右震颤症状。五十多岁的女儿陪她坐在旁边，说，自从几年前她壮年的弟弟因故不幸身亡，母亲的身体和记忆力就明显下降，变得有些痴呆。

当年，她父亲为了逃荒，要带着子女闯东北，母亲不想女儿也加入那前路未卜的行列，便给她火速找好了婆家，从此拘囿于此，落地生根。

守住一方田地土里刨食，生于20世纪30年代的张崇朴和李立英们，一方面动荡和历经贫穷岁月的阴影，使他们对待消费永放不开手脚。另一方面，国人一路而来的漫长文明里的某种东西，在他们这辈人身上还普遍存留。勤俭，谦卑，吃苦耐劳。这辈人基本上被紧紧压在生存之下，没有什么自由余地可以选择。一生劳作，成为常态，成为惯性，就如李立英，几根小树枝也不肯放弃捡拾，颗粒归仓般归到自家屋檐下。八九十岁的他们，到了这个年龄，若没到倒床起不来的地步，就依然出来进去，自己把自己当青壮年使唤，去捯饬总也捯饬不完的活计。

何况他们的日子委实不易。

莒北的许多村落，处于五莲山区，地貌以山地丘陵为主，占总面积的50%和35.8%，仅西北部有小块平原。立村，大多或沿岭坡，或挨山麓。如果将交通便利信息通达的平原乡村与各方面较为闭塞的山区乡村，用投下照着前走的一束灯光作比，后者大约就处在光圈的边缘部分，不明亮的部分。

高泽镇窑头村，就处在一座山的西麓。因山上有金、铜等七种矿石而取名七宝山。不远处，处理矿石堆起的岩土像另一座山头。区别在于，周围一片绿意，唯它，望去光秃秃白刺刺矗立，煞是醒目。只是村子，并没有因此富裕，大多还是土路，石头屋遍布。从眼神、从衣着看，有些村人的日子过得依然艰难。

正当我们上沟下崖在村东转时，迎面走来几个装束规整的人。以为是走亲访友的外人，不承想还未近前，他们中有人竟面色正厉地盘问起我们。这才恍然他们的村委干部身份。一时我们成了来此不知有何图谋的可疑分子。一番解释还不算完，差使一人随我们到大路上的停车处拍下车号。其余几人继续走道。手里，或提一方便袋挂面，或拎一桶食用油。

他们在走访贫困户。

也难怪他们盘问。这些村干部们平时在村里多有走动，谁家住哪儿，家里几口人，分别都干些什么，甚至社会关系他们都摸个十有八九的情况下，冷不丁出现几个未曾见过的陌生面孔，且还在东瞅西望，不在心里打个问号才怪。没准我们在村西转时，他们就已留意到，只是那时还没多想罢了。

再怎么山区，再怎么不富裕的村子，总要让人看到希望才是。

再后来，我为某些村名的由来翻阅《五莲县地名志》《五莲人文自然遗产博览》，发现每个村子的建立都有它的渊源，包括村名的产生、消亡和变更。单从林林总总、印记人类社会演变进程的悠久的自然和文化遗产来说，村子，黄土地的村子，以它的有所依托，总会让人看到那束灯光光圈亮堂的某刻。

这也是希望所在。

照　片

　　2019年5月末的一天，潍坊文联原副主席韩钟亮微信发来一张照片，且是一张老照片。照片中四人，皆风华正茂的年龄。随照片，韩老师附了一段文字：李霞，这是我南京老同学臧桂昌转来的照片，应摄于1963年。

　　1963年，我的父亲李坤元三十三岁，已经从石桥子公社文教助理位置

李坤元（前排左二）与韩钟亮（后排左二）等学生合影

上调到诸城县文化馆工作，分管业余文艺创作辅导工作。而生于 1945 年的韩老师，当时只有十八岁，与照片上另外两个同学都是诸城一中的在校学生。

韩老师另一条短信补充：我先结识你父，然后引荐了同学。学生竟与文化专职干部交友，这很值得玩味。

我想我理解他指的"玩味"。那个年代，人与人之间交往少掉很多隔阂，多的是信任和友善，凸显的是交往的单纯性。于此，身份、长幼等概念也就相应模糊，少掉讲究。

之后我把照片转到父亲手里，已近九十岁的他拿着放大镜仔细看了。这事也就过去了。没承想两天后，他问我能不能把照片洗出来。听后，内心忽然被碰触了一下，既温暖又伤怀。即将过九十岁生日的父亲，从岁月之河里被捞起往事，于他是珍贵的。

不仅如此，父亲很多已封存的过往记忆，随着他一部作品集的付梓成书，又重新打开。那段时间，我和他一同忙于书的分发与邮寄事宜。随着分发与邮寄，接收到来自各地已久未联系，或中断几十年交往的故交、同事、学生的信件或电话。

书，同时赠给了同为故乡人的王尽美之孙：王明华和王军。虽然彼此未曾谋面，但因为书中内容之一的《王尽美脱险记》，无形中将彼此联结。父亲认真地在扉页上签好名，将其委托给常跟他们联系的李晓老师转交。

也同样在 2019 年 5 月末，王军微信分享给了我几张照片，是有关其父王乃征的。2019 年，是王乃征诞辰一百周年，同时也是他去世的第十个年头。照片，是三位老兵为王乃征百年诞辰的题词，以及王军和他们的合影。

他们与王乃征，同时期入伍，其中老兵吕品，九十五岁，曾参加 2015 年纪念中国人民抗日战争暨世界反法西斯战争胜利大阅兵。当时他在抗战老兵方队第五车。车上的他，敬礼姿势再标准不过，头略微昂起，眼神坚毅，英姿依在。不同的，只是多了满头银发。

胡可将军为纪念王乃征百年诞辰题词

那次大阅兵，我印象深刻，原因就是这些老兵方队的出现。车载着他们缓慢前行，不需要任何言语解说，他们本身，就是一部沉甸甸的革命功勋史。装载着山河破碎，使命和担当，继而装载着出生入死，流血和牺牲。

吕品给予王乃征的题词：襟怀磊落，百战忠魂。九十八岁老兵题词：尽善尽美尽壮志，乃征乃战乃永生。九十二岁老兵题词：志随父辈留正气，河山无虑慰忠魂。

他们题头于王乃征的称谓，包括两种：老战友，战友。

吕品将军为纪念王乃征百年诞辰题词

郑立中将军为纪念王乃征百年诞辰题词

感动至极。

这是实话。新中国成立，他们有不可磨灭的贡献，理当不能忘记，理当在特殊的日子，以某种仪式，来承载心意的达成。这对于国家如此，对于个体亦如此。譬如当时在电视机前的我，以注目礼方式，看着载乘他们的车一一驶过。譬如王军，在特殊的日子，拜访这些与父亲相关的老兵，探望、合影，寄托一份追思。

离去的人，活着的人，摸爬滚打来争取生活的上辈人或上上辈人，对他们不易人生的识得，让我们除了耐咂摸、玩味，便是时光不可挽留的残酷感，就像我看待父亲既温暖又伤怀的那刻。

王军手持题词和老兵们合影那会儿，不知是何种心情。也许五味杂陈道不清楚。父亲的身影已渐行渐远，能找到父亲些许影子的九十多岁的老战友们，不定何时也将起身大远行。后辈们能做的，就是找到他们，坐在

对于先父，这或许是王军认为的最好的纪念方式。靠近了父亲先前的战友、老战友，就无限靠近了父亲——捕捉到父亲的身影、聆听到战火年代枪林弹雨里那些往昔。

随后给他的回复里，我说，向王乃征老前辈致敬，向这些依然健在的老兵致敬。当时大阅兵，看到这些老兵出现时，不由肃然起敬，

一起，能再多倾听些什么，能够给后辈的后辈们传下些什么。比如那些题词——他人眼中王乃征的形象是如何呈现的。

我们在莒北行探寻王尽美足迹的过程中，对其子王乃征前辈，也是一个逐渐了解的过程。而了解的过程除了来自采访、史料，还来自王军兄。继而，也有了对王家其他成员的大致了解。浙江大学王明华教授，是王尽美次子王乃恩之子，已七十多岁，儒雅博学。他和王军一样，延接着祖辈及父辈涵浸的家传、家风，人生之路上严于律己，砥身砺行。探寻足迹团队的主要成员李晓老师，有时会就一些资料的求证或想法，与王教授在微信上发起对话。其间，他不乏夹有照片传过来。照片从20世纪四五十年代到近几年几乎都有涵盖，家人合影，父亲王乃恩往昔工作足印，小辈成长留照，纪念活动瞬间……

每张照片，王明华都附带简短的文字介绍，是备忘，也是为一个家族历史资料的留存所作出的必要说明。作为一个介入者又终究属于旁观者的我，与其说在"看"这些照片，不如说在"读"，读一部同乡人家庭的不凡历程之书。其中最早的一张，文字标注：1949年10月，在山东诸城北杏村。除此，还按顺序一一列出名字：刘氏、王明华、王建华、曹健民。

刘氏，王尽美的母亲、王明华的曾祖母。1949年七十岁。那时王明华、王建华兄妹俩都只有几岁，满脸稚气，站在清瘦的曾祖母和母亲曹健民中间。他们身后，是老旧的木格子窗和颓败的墙垣。墙垣已有砖石坍弛，犹如他们人口早已不囫囵、接榫不起来的家。但活下来的人，也得似那墙垣，还在撑着，向命运抗争，一直走下去。

那时他们兄妹俩，在老家三年多，天天和曾祖母在一起。据王明华说，那张照片，是枳沟照相馆到村里时照的。身后的房子，原本属地主家，土改后留作村委办公。照相时，为让背景看起来不至于太差，拍照片的村民就一致选择了那里。曾祖母家的房子，也跟那些穷苦人家一样，从地面到屋顶，全是泥坯，木格子窗档也很细，没有照片中的粗实耐造。

次年秋，母亲就带他们回到了父亲的工作所在地浙江义乌，曾祖母一人守家。

王乃恩全家福

1953年她去世时，是被接到济南、由省委省政府照顾的第二年。在病重时，希望见到儿孙们。在此情况下，山东省政府连续两封加急电报给王乃征、王乃恩。那时是7月份，正值浙江大旱，义乌县城亦断水，农民抬龙头进城求雨。当时任职义乌县委书记的王乃恩，实在不能离开。没办法，母亲便带上王明华和王建华赶到济南。伯父王乃征也从沈阳过来。曾祖母见到他们十分高兴。几天后，终因消化系统疾病无法医治，过世。

王乃征、王乃恩兄弟俩，在分别六岁和三岁时失了父亲王尽美。不几年母亲也病逝，抚养、生计，几乎就倚靠了他们个子较小、人也清瘦的祖母。照片上，饱经风霜的寂苦的刘氏，脸上带了浅浅的笑容。坐着，双手扶膝，眼睛迎向照相机，像迎向渴慕的好日子的到来。

仅仅被接到济南的一年后她就离世了，她是不肯享用清福、着急地想回到北杏村那片故土吗？

王乃征（右）与王乃恩（左）在嘉兴南湖合影

照片中，有两张王乃征、王乃恩兄弟俩的合影，一张半身照，20世纪50年代在北京拍摄；另为一张全身照，70年代摄于浙江嘉兴南湖。都曾戎装一身、从战火硝烟中走出的他们，在新中国成立后，人生发展轨迹有了不同的延伸：王乃征继续留在了军队，王乃恩则到了地方。一个东北，一个江南。他们合影地的北京与嘉兴，于他们英年早逝的父亲王尽美都有不同寻常的意义，也是王尽美革命生涯中的重要节点。

王乃征全家福

还有一张，摄于20世纪80年代，是王乃征夫妇、王乃恩夫妇一起，在故乡诸城的留影。父亲王尽美足迹所在之处，都是他们要追寻之处。何况故乡。故乡，也是他们兄弟俩出生和长大的地方。20世纪80年代的那次回乡，已在不同职位中做出不凡成绩、年逾六十的他们，故地重返，物是人非，想必其中交织的悲欣少不了。再后来的后来，嘉兴南湖革命纪念馆、一大、二大纪念馆、王尽美纪念馆等纪念性场合，换作了王明华兄妹或者兄妹俩跟他们的后代们的留影。

王乃征、王乃恩等在诸城

时间的脚步在前进，没有人能够挡住，你不得不接受更迭。王明华有次曾跟李晓微信谈及："我年纪大了，今年已七十七，我向诸城党史研究室、市委推荐了我的二妹王爱华。她是军人，第二军医大教授，文职正师。父母亲在世时也是我们两个陪伴回山东。她比我小十岁，身体也好，由她接我的班，她也同意。以后，老家可能去的少了，毕竟年岁不饶人。当然，只要我能做的，尽管明示，有些老事还是我熟悉一些。"

老事，熟悉。伯父王乃征前四个孩子因种种原因相继去世后，王明华成了下一代子女中最大的，也最接近逝去年月里的那些老事。同时，作为从20世纪40年代走出的革命家庭的一员，不可避免伴随着战乱，伴随着颠沛流离。这种伴随，谁能不说也是浸染，在他开始自己的人生跋涉、一次次不经意间面对祖辈父辈的风雨人生时，体悟、内省不会缺席。于国家层面，这样的风雨人生所涵盖的，往往是积贫积弱继而图强的时代历史；于家庭层面，则往往意味着耳濡目染继而负薪构堂的着痕。王明华身上，着痕显而易见。作为国内一流的光电子学专家，几十年来躬行于浙大：赴日深造、合作研究，培养博士研究生，承担重大科研项目课题……但这些卓拔，非我着重叙述，我更倾向的是一个独特的人的呈现。独特的"人"，当然基于从我个人视角出发，又首先基于仅仅从对方生活事务的一二的传递中，得来其性情、得来其人格的着痕之在。这人人都需要的生活的你来我往，正经由流淌的温度，将之间加以细微联结。

　　一张近似特写的照片，令人印象深刻。不仅来自儒雅含笑的脸、具有纪念意义的装束，更重要的在于这份含笑下为这份纪念所写下的一字一句的注释：我在学校的工作，主要是培养博士研究生，这是为毕业硕士、博士授学位。我穿的是导师服。硕士、博士服是全国统一的，导师服整体上也统一，只是披肩各校不同。蓝色披肩为浙江大学导师服，在教育部备案。

王明华身穿导师服

　　照片上，面向镜头的王明华教授，端庄的导师帽下，露出鬓角的银发。明亮的蓝色肩头的后方，是同含笑意的硕士博士们。可以觉出他对这张照片留存的在意。温和的笑意，使照片释放出纪念的庄重感。或许，这概括了王明华教授做人立场的持握。由此想起了他的一则微信，语气温厚，叙说详致淡然，字里行间诚恳朴实，如照片，如照片的注释，透出他人的温度。其时5月初，李晓将写出的王尽美故事，陆续用微信给王教授发过去，就故事的真实性请他把关。很快，李晓收到回复：

> 您好，节日快乐。我祖父在世时间比较短，主要是五四运动的教育、老一辈革命家的培养，使他走上了无产阶级革命的道路，在党的领导下，为建党初期作出了自己的贡献。他最优秀的精神，就是认定了马克思主义的信仰，坚定不移的共产主义信念，把一切都献给党，献给百姓，献给国家。我们一家后人，都是沿着祖父走过的路，不忘初心，跟着党走，踏踏实实地为党工作，别无所求。祖父生前是光荣也是伟大的，但他毕竟只活了二十七个春秋，即使从1918年到济南求学起，也不过七八年时间，与许许多多流血流汗的先辈们一样，他们都是人民英雄，以学习他们的革命精神、永远跟党走为主题，我们一家人都是这样做的。我祖父过世时，我父亲才3岁，我虽然跟曾祖母一起有四年，但那时小，也不懂什么，家中也极少讲起我祖父的事情，有关回忆文章和书籍中的介绍，我们都是陌生的，但是诸城地区丰厚的文化底蕴，看过不少介绍，特别是《超然台》杂志，对我影响很大，我祖父的成长，和诸城的历史、文化、革命传统是分不开的。我看过不少介绍先烈的书籍，他们的成长大都一样，传统的继承与马克思主义的信仰，缺一不可。我想，所有工作，一定要实事求是，不可乱吹。你们做了不少工作，我尽力协助，只是我父母都不在了，他们最有发言权。不过，这影响不大，不知道的，不了解的，不明确的咱们就不

写，不说，这并不影响先辈的贡献。谢谢你们辛勤的工作。

回复五百余字。类似这么长的回复，在交流中并不少见。李晓感慨之余，将它们发给我。这感慨，如同前文中提到的韩钟亮老师和我父亲的那张老照片。

第二期乔有山文化传媒公众号，庆祝中国共产党建党九十八周年，登出韩老师《远方的呼唤》一文时，我亦是出于感慨，在转发此文时写道：韩钟亮老师是我非常尊敬的作家。年少时，我就常在父亲的书桌上见到他们之间往来的书信，大多有关创作。2017年，父亲的集子需要一些照片资料附在里面，他第一提到的就是挑选他和韩老师的合照。那时他们正当年，于文学之路孜孜以求。祝福这些老一辈作家，他们的为人为文，很多很多，为我们仰视。

加之王明华教授，皆出生于新中国成立前的他们，从艰苦的年代里行出脚步，与"流血流汗的先辈们"进一步靠近。如此，写下这些、记录下这些的我，也在与他们靠近，与一代代的前辈们靠近。

尾　声

2018年12月30日，莒北行结束后的第一天，李晓开始就采访资料作详致归整。作归整用的笔记本，像一本书，首页有他设计手写的目录，每页都标有页码。目录竖行排列，内容一目了然。后来我写作时借用，就像旁边放了个档案袋，哪儿模糊忘记了，可以随时翻开查找。

"好记性不如烂笔头"，李晓深知其理，更深知的是详细归整的资料在日后的意义。——史料佐证，时间深处的拾遗，一段足印的留存。不论是哪一条，对热衷于想深入探究王尽美足迹的他来说，无疑都很重要，就像我将以这十几篇文字，作为一段有着特殊意义的历程的交代一样。

走莒北写莒北，围绕王尽美烈士在老家乡村的足迹，领略了一方土地和那方土地上的人。每次走村串户，打捞的都是一百年前的人和事，自然地，每次所对，便是当下和流逝岁月的一个交织。愈到最后，愈觉得不仅仅在道说莒北，很多见闻也不仅仅只属于莒北。它是独特的，同时又有广大乡村某些落后或兴起的共性。它更像一个缩影，百年间个人和社会变化发展的缩影，人间的酸甜苦辣，里面都有。

如此，那些旧年里的事，也就似乎何时想挖，何时就有，收不了笔。比如临末，就王尽美表姐郑明淑之事，我们先后几个村子、多人次地进行了采访。杨家洼村、小英村、枳沟街、郑明淑堂孙、郑明淑四妹之女、三妹之子……在三妹之子张崇朴那儿，我们得到了另外的线索：王尽美姑姑的第四代后人郑跃德，住在枳沟四村。12月23日，我们赶去那儿。正是在那里，我们意外地看到了与郑明淑相关的那幅大字，挂在他家墙上的醒目位置。这些，已在《野菊花》里有较为详细的叙述。这里着重想提的是，我们在那幅大字前面、围在他家那张吃饭的圆桌边听他谈起往事时，就见他起身从里屋取出一张黑白老照片，一张老老小小共十九口人的全家福照片。男人长袍毡帽，女人裹小脚大襟褂。摄于民国二十四年（1935年）。上面有字体标注：枳沟菜香书屋全家欢聚摄影纪念。使为照片长期保存，郑跃德细心地找人给压上了一层塑封膜。

和我们同去的还有郑泽强，郑跃德的侄子。也正是有了他带领，我们没费任何周折就到了郑跃德家。那刻他对着照片指指点点，给我们介绍哪是爷爷奶奶，哪位是老爷爷哪位是老老爷爷……民国二十四年（1935年），他的爷爷奶奶刚刚结婚，二十岁出头。王尽美的姑姑，他称为曾祖母，坐在前排将近中间位置，身派端然、满脸威仪，透出果敢笃定的大家长气韵。据说家族里大小事宜、吃喝拉撒主要由她来安排和定夺。照片上人员的座次，也显然没有男尊女卑式旧俗，倒是家中撑起半边天的女人们排排场场坐在前排，占据了前排大部分位置。除了边侧有三个男人，其他都是后排站立。郑泽强称为老老爷爷的郑瑞祥（王尽美姑父）坐在前排九人中的右七，其儿子郑明训站在后排右七，站在他的身后。而他的妹妹郑明淑，因为那时早已出嫁，没有出现在其中。从座次，已能够看出他们思想的开明。开明意味着通达事理，意味着清明文明行事之举的可能。照片标头中"菜香书屋"字样，一下子让我记起郑泽强先前提到的郑家菜园。有据可查的郑家菜园，是于旧事中值得拂尘提出的一笔。

王乐平的侄子王蔚明，在一篇回忆文章中提到，他去枳沟上高小时，每日三餐通常是用谷子换煎饼吃，佐膳的菜是咸萝卜头子或大葱，有时买到一碗小豆腐或借用老师们的锅灶熬一点青菜或大豆腐吃，就算大犒劳了，而经常买大葱或其他蔬菜的地方便是郑家菜园。同学们之所以好往郑家菜园买菜，一是因为无论阴、晴、早、晚，或街上无菜可买的时候，那里都有菜，即使摊上的菜已卖尽，也可到地里去拔去摘。二是因为郑家对人和气，菜也洗得干净，卖家公道，不需论价。三是郑家菜园主人郑明训作为当地一位反清复明的隐士，那时虽已家道不富，但还是诗书人家，在顾客不多的时候，常常彼此交谈，上下古今，无所不及，日子长了，也就成了朋友。

也正是在那里，王蔚明第一次遇见了王尽美，其时王尽美已是济南山东省立第一师范的学生。作为省学生联合会代表的他，到诸城县发动学生组织学生会，反日救国，顺便回家探亲。得知王蔚明为革命老前辈王乐平的令侄时，王尽美禁不住敞开了话匣子，和他谈起了当前的学生爱国运动、全国形势、以后的打算……初遇和谈起这些话的1919年，王蔚明只有十三岁。他说，从来没有人这样郑重其事地和我谈论国家大事，虽然在学校里也很关心时事，爱看报纸和进步刊物，但听到王尽美的言论，仍有耳目一新顿开茅塞的感觉，使人感到异常亲切和温暖……

围绕郑家菜园的故事，应当算史海钩沉中的一段佳话。如今，郑家到郑泽强他们，已是第五代后人。我们在采访他之前，没想到他也对王尽美家族、对党史有一定的研究兴趣，甚至末了，在将我们送出大门时还说，像打游击，终于找到组织的感觉。郑泽强在瓦店镇医院工作，业余也小打小闹写过此方面文章。市党史研究中心成立"史敢当"志愿者服务队，他积极报名，成为其中一员。

可以讲，此次莒北行，若再继续走下去，我们不知还会遇见什么事、相遇哪些人。"灯不拨不亮，理不辩不明"，在我之前并未涉猎过此事、也对王尽美烈士的了解知之甚少的情况下，走的过程，正是这"亮"起来和"明"起来的过程。它是单一的线，很大程度来说又非单一之线。牵一发而动全身，一子落而满盘活，史料需要多方印证和查询，不仅要一次次实地深入莒北乡下，还要在返回家中梳理某些拿不准的细节时，发微信给远在外地居住的王尽美之孙王明华、王军，看他们能否提供帮助。若也有些模糊不能立即作答时，又需麻烦他们亲力亲为查阅身边资料。因了都是极其认真的人，十有八九，我们不会扑空。不仅如此，在王明华每次的答复里，常常会连带出其他一些史料细节，让我们眼前一亮。而那些细节，不用说对我们同样宝贵。譬如王尽美照片的考证问题，大家普遍认为王尽美烈士留存在世上的照片，除了一张正面免冠照，就只有他远赴苏俄参加远东代表大会时那张侧面照。但史料记载中，似乎还存在另一张，那是一张模糊不清的众多人于会场的照片。那时在开国民党一大会议。里面其中一人是否就是王尽美，一直不能十分确认。带着疑问，李晓与王明华用微信进行沟通，尔后得到他不无肯定的回答：国民党一大是公开举行的，约请了苏俄的记者，拍有大量照片，但都在台湾。只有几张公开的，其中一张为会场全景，正面第一位就是我祖父……

仅仅几句话，包含了大量信息，可见他对祖父对过往历史的了然于心。即使如此，在有次谈起某段岁月时，他实心实意地说："请我王军弟也研看一下，他对历史研究比我多。"

后来我们请他为伯父王乃征诞辰一百周年题字，他没犹豫就答应了。快递的包裹里，不忘附上一帧小笺：

李晓同志、李霞老师，你们好。寄上我写的字，谈不上书法，本想退休后能坐下来学点什么，不少同事上老年大学，我因参加学校关工委工作，忙于与学生交流，所以谈不上什么字了。我网上又征求了弟、妹的意见，他们都认可了。现寄上，十分感谢你们的辛勤工作。对彼此的逐渐了解和信任，正是基于这样你来我往的沟通交流。正如我们同那些莒北老乡的相处，以真诚换真诚。作为王尽美故乡的一员，研究和宣传王尽美事迹，传播红色文化，李晓行或使之，不遗余力。他曾说，我不

　　仅把这当成一份爱好，一项事情，更是一种神圣，一种精神，
　　甚而是我生命的一部分……

　　眼下，2019年7月中旬，入伏刚刚开始，我的暑假生活，也刚刚进入。
我敲下了《王尽美故里采访记》的最后一篇文字。
　　像一个轮回。
　　莒北，欲说还休。

遗物

砚　台

2018年9月14日上午，我们到枳沟镇西安村采访有关王新甫之事，该村村民王法秘忽然提及王新甫的一个学生叫李孝英，与王尽美是高小同学，家住五莲县汪湖镇东塘村，离西安村有三四里的路程。为了能够从李孝英后人那里了解更多王尽美的事，我们在西安采访完后，就去了东塘村。

经多方查询，终于找到了李孝英的后人——他的小儿子李泽仓。李泽仓现年八十五岁，是李孝英唯一健在的儿子。

李孝英

我们从他那里了解了一些有关李孝英的情况。李孝英曾在枳沟上过高小，与王尽美是同学。高小毕业后，他先后在日照、莒县等地教过学，后来在济南粮食局工作，一直到退休。李孝英共有两个女儿、四个儿子，李泽仓最小。李泽仓由于不识字，没有跟随父母，一直留在本村跟他大哥务农，终身未娶。李孝英夫妇退休后，回到家乡居住，由李泽仓养老送终。

我们问及李孝英留有的遗物，李泽仓领我们进屋看，有一个梳妆镜、

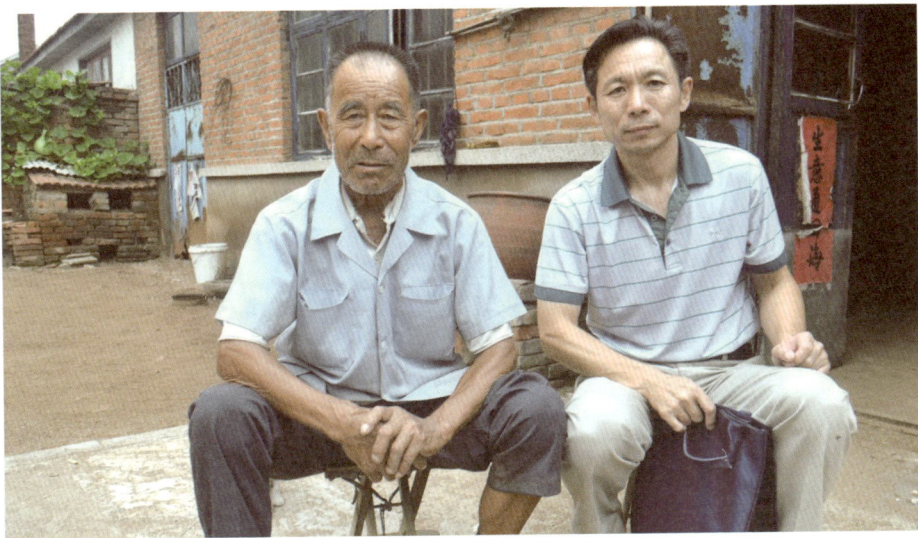

李晓与李泽仓在院内合影

一张方茶桌、两个茶盘、一个手提箱。我们问有没有"文房四宝"之类，他说原有两箱书画，在"文革"期间全部烧掉了。

我们看到桌子上有个墨盒，就问这是谁的，他说是他父亲用的。接着，他又找出一方砚台，说这是父亲在枳沟高小上学时用的。"文革"时，本来也要扔掉，父亲不让，说这是王新甫买给他们这些穷学生用的。这方砚台当时由前村（大北杏村）他的同学王尽美保管，他毕业后，就留给他保管。

我们再去西安村采访，曾向被采访的村民问及李孝英的情况。不仅证实了他是王新甫的学生，还了解到他与王新甫是连襟。王新甫一生娶了三房老婆，第三房是赵庄鞠氏，鞠氏就是李孝英之妻姐。

我们说起王新甫给李孝英买了一方砚台，村民说，这事很正常。王新甫对他的学生都很关心，不仅给他们买学习用品，还想法减免穷学生的学杂费。

我们把这方砚台拿到相关部门检验，确实是民国前后之物。我们又经多方核实，最终确认该砚台的来历。

郑明淑年轻照

2018年11月24日下午，我们去诸城市枳沟镇杨家洼采访郑明淑的外甥女张崇秀，她提及郑明淑有一张年轻时的照片，说是当年王尽美给她照的。为此，我们先后采访了小英村的张崇朴（郑明淑二妹之子）、诸城城里的郑育德（郑明训长子郑炜昭之次子）、枳沟四村的郑跃德（郑明训之三子郑焕昭之次子），又经查找相关资料（包括王乃征对王尽美给家人照相的回忆），推断此照片应为王尽美在1924年所照。

郑明淑年轻照

1924年，王尽美以国民党山东临时党部执委的身份来到诸城，指导国民党诸城区分部的工作。同时，他又在诸城、莒县等地发展与建立国共统一战线，在家乡待了一个多月的时间。其间，他看望了一些亲戚朋友，还看望了表姐郑明淑，并在她家的庭院中给她照了相。

志心斗

2018年11月10日，我们去西安村采访王新甫后人王启光，在他家的南屋看到一个"斗"。这个陈旧的斗，引起我们的好奇，就问王启光，这个斗得有些年月了吧。

王启光说，这是他大爷爷（王新甫）留下来的。

我们问王新甫还留下什么物品。他说原来留下不少东西，有好多书籍、字画、书信等，只是在"破四旧"时全都烧了。说到书信时他强调，有些书信是王尽美写给王新甫的。他说，王尽美一直与王新甫有书信往来，他一直很敬重王新甫，每次回乡探家，都来看望王新甫。

我们有些疑问，王新甫那么多的东西都被烧了，怎么唯独把这个斗留下来了。他说这个斗起先一直由他们本族的长老保管，前几年他要了回来。

我们问他为什么对这个斗这么珍重。他想了想，神秘地对我们说，这可不是个普通的斗，它叫"志心斗"。我们问为什么叫"志心斗"，他说，要志心不平，特制斗和升。这个斗的名字据说还是当年王尽美给起的。

后来，经过我们多次采访，弄清了这个斗的由来。

在旧社会，由于当时民不聊生，许多人家吃饭都困难，这导致本来和睦相处的乡邻、亲戚，因利益而尔虞我诈。那时村民之间相互买卖、借贷粮食都是用斗来称量，有些心术不正之徒就在斗上做手脚，以致产生诸多

志心斗

纠纷，让乡亲不和、兄弟反目。

有一次，王尽美来看望王新甫，看到一个老妪正在他家诉苦。因为斗量粮食，她与儿媳妇产生了纠纷，想让王新甫过去作评断。

王新甫问王尽美应该怎么去评断，王尽美就说，用斗把粮食重量一遍。

王新甫想去买个新斗去斗量，王尽美阻止说，新斗旧斗都是官府制作的，一样准。她们婆媳之所以不相信彼此的斗，不是斗不准，而是彼此不相信对方的心。您拿您家的斗去斗量就行。

王新甫有些怀疑地说，她们会相信我家的斗。

王尽美说，只要她们相信您的为人，就会相您家的斗。

王新甫就与王尽美拿着他家的斗，去把那婆媳俩的粮食重新斗量了，分出了是非曲直，公道自明，深受村民称道。

为了避免类似的纠纷发生，王新甫就决定把这个斗作为公平斗，再遇到纠纷时，就用它志验。

为了把这个斗与其他的斗区别开来，有人建议给这个斗起个名。王新甫就推荐王尽美给起。

王尽美说，为志心不诚，才制斗和秤。斗不仅是用来称量粮食的，还是用来志验人心的，用它可以志验出一个人的心术是否端正，就叫志心斗吧。

太师椅

2018年9月16日上午，我们在赵锡瑶孙女赵树丰带领下，看了赵锡瑶老宅。赵家老宅是赵锡瑶所盖，离现在已经有一百多年了。宅内已久不住人，只剩几件陈旧的家具。我们问这些家具是不是赵锡瑶当年用过的。赵树丰说，她只知道这些家具是从她父母那里传下来的，不知道她爷爷是否用过。但她知道她家库房有把太师椅是她爷爷用过的。

2018年10月12日上午，我们去五莲县城的赵树丰家采访赵雷瀛，见到了赵锡瑶的太师椅。太师椅底座尚好，椅背已经损坏。我们从它身上能感受到百年沧桑，依然能想象出赵锡瑶坐在上面与前来拜访的王尽美亲切交谈的情景。

太师椅

一本中医处方集

2018年12月16日，我们采访张玉生的后人张年友，他拿出一本笔记簿给我们。这笔记簿封面印着"昌潍区教育和文化卫生体育等方面社会主义建设先进单位和先进工作者代表大会纪念册"，落款是1960年4月。里面用工整的小楷毛笔字密密麻麻地写了上百个处方。那时，张玉生已经年近八十岁，不仅仍勤勤恳恳工作在医务工作第一线上，还孜孜以求地为中医学的发展不断做贡献。

这本中医处方集，既是他从医三十多年心血的结晶，也是对他从医工作的总结。

我们凝视着中医处方集上工整俊秀的字体，从字里行间深切感受到了一个老中医献身社会主义医疗事业的拳拳之心。

中医处方集

张玉生手迹

2019年12月，当与朋友李成提及王尽美的老师张玉生时，他找出一幅手迹让我们看，说这是张玉生给他老李家写的族谱序，问这个张玉生是不是就是王尽美的老师。

为了考证此事，我们又找张年友进行了解。从他那里了解到：张玉生，字玉生，名传英。他妻子是诸城枳沟乔庄人，岳父叫李在田。为了进一步核实，我们又详细研读手迹上的文字，上面写到："岁己未，余假馆于诸之南关，道出先生里，遂造其庐，叙寒暄，自是往来必造谒，交情亦弥笃焉。今岁夏四月，先生至余馆，携家乘一峡，并自印格子纸数百张，嘱为抄录。"

这段文字交代的事件，与张玉生简历相吻合。故此，确认这手迹为王尽美的老师张玉生所书。

我们从中还发现了一个珍贵的史料：张玉生当年所任教的大户人家，家住诸城南关，而非诸城西关，主人应该姓祝。这对进一步研究王尽美于1924年回到家乡开展革命活动提供了新的线索。

附：乔庄李氏族谱谱序

　　乔庄李氏，巨族也，明洪武三年自山西洪洞县迁诸，今已五百余年矣。人丁蕃衍，派别支分，有迁居曹庄者、有迁居莒之东偏东云门庄者。余家与有姻戚之好，非自今日始，盖由来旧矣。乔庄有名澍、字雨亭者，志行纯洁，性情慷慨，于人交，坦易无城府，邻里有事，辄为之排解，宗族间事，亦秉公调处，劳瘁不辞，于友朋亲戚，尤有敬爱之诚。余素闻其人，而以未得一见为憾。岁丁巳，余因事至先生里，曾一识荆州，此后不见者又数年。岁己未，余假馆于诸之南关，道出先生里，遂造其庐，叙寒暄，自是往来必造谒，交情亦弥笃焉。今岁夏四月，先生至余馆，携家乘一帙，并自印格子纸数百张，嘱为抄录。夫先生本宿儒，非不能手抄，以重其事，特以年过花甲目昏手摇不能作楷书耳。然则先生不远数十里至诸，谆谆然以此事相委者，亦不得已之举也。余感先生意并怜先生志，遂允诺而弗辞噫。当此晚近之世，江河日下，人心不古，达而在上者，汲汲于权利之争、声色之务，此外绝不能动其念虑；穷而在下者，往往营心于室家田产、自私自利，不知公义善举为何事，孰是以纂修家乘、遗传子孙为必不可少之举如先生者乎？先生生平善端更仆难数，而此一举也，先生敦宗睦族之心见，先生急公好义之心亦见。

　　　　　　　　　　　　癸亥荷月上旬莒邑玉生张传英拜撰并书

喬莊李氏巨族也明洪武三年自山西洪洞縣遷諸

今巳五百餘年矣人丁蕃衍派別支分有遷居曹莊

者有遷居呂之東偏東雲門莊者余家與有婣戚之

好非自今日始蓋由來舊矣喬莊有名澍字雨亭者

志行純潔性情慷慨於人交坦易無城府鄰里有事

輙為之排解宗族間事亦東公調處勞瘁不辭於友朋

親戚尤有敬愛之誠余素聞其人而以未得一見為

憾歲丁巳余因事至先生里曾一識荆州此後不見

者又數年歲已未余假舘於諸之南關道出先生里

遂造其廬敘寒暄自是往來必造謁交情亦彌篤焉

今歲夏四月先生至余舘攜家乘一帆並自印格子

紙數百張囑為鈔錄夫先生本宿儒非不能手鈔以

重其事特以年過花甲目昏手搖不能作楷書耳然

則先生不遠數十里至諸諄諄然以此事相委者亦

不得已之舉也余感先生意並憐先生志遂允諾而

弗辭憶當此晚近之世江河日下人心不古達而在

附录

回忆敬爱的母亲

王乃征

我的母亲李氏，兄妹排行第五，号称李五妹，是山东省五莲县庙后村的居民，父母都是眼科大夫，而到了晚年老两口的双眼都失明了，估计是白内障。那时没有做手术的条件。我记得小时候走姥姥家，还留些印象。

姥姥家住了个大院，村子的南边靠河，河南岸有座山，山上有庙，所以村子就叫庙后。姥姥家的对面是三姨家，旁边就是舅舅一家，有个表妹也是眼病，一个眼球有突出的肉瘤。有个表兄李福胜，抗战时期还曾经和我们一起参加游击队，后来形势恶化，他跑到国民党部队去了。（最后随国民党败退台湾，两岸关系相通时，曾作为"荣民"老兵，退休回大陆安家。已故去。）

母亲给我的印象很深，只记得她常在房间哭泣，因那时我们家很穷。

父亲外出求学，后来又参加了革命，常年不在家，所以引起母亲的思念。我兄弟俩那时很小，不懂事，而且也很少在母亲身边。因祖母溺爱我们，所以祖孙感情很深，母子之情却疏远了。据祖母讲，母亲夜间很寂寞，想抱一个去她房间，我俩谁也不肯去。睡着了，偷偷抱一个去，睡醒了，还哭闹着要找奶奶，这给母亲心灵造成伤害！

父母常年不在一起，只是最后一次父亲病重，回家看病，暂住在地主家的粮屋空地，安一张床（怕父母在一起有传染，肺结核病晚期是严重的）我们有时去看看，还不让，也是怕传染。但有个印象很深的一次，是父亲病重前，有一天回家来了，带了个照相机（老式的），给我们照相。给母亲照的那一张，因为面部动了，没照好。后来这些照片被敌伪土匪搜刮走了，只留下父亲的一张照片，这还是祖母把它藏在墙缝里，才留下来的。现在全国各地纪念馆展出的就是这一张遗照，还是新中国成立后经毛泽东主席认定的。

母亲后来也病故了，这是我们搬家住新房（北杏村后街井胡同里）的时候，算起来是1929年。什么病也不知道，那时我才10岁，弟弟更不懂事。只记得家里没钱取药，靠巫婆胡说乱道，给点清水说是神药，被耽误了。

母亲是很贤惠的家庭妇女，虽无文化，但从小在她父母的教养下，很懂礼教。我父亲外出搞革命活动，常年不回家，家务活都是她干。有的时候，她让我帮她做饭、擀面皮、包菜饼。她边干活，口里还哼唱着什么，我虽听不清楚她在唱什么，但她那种忧伤的神情却深深地感染了我，至今也忘不了！其实，那是她思念我父亲而产生的感情流露。

还记得父亲在青岛去世后，有他的朋友扶灵，陪同我祖母将灵棺送回家乡。母亲带着我们小兄弟俩到村东头迎灵。全家人哭作一团，亲友邻居看见都流泪。全家老少三辈寡妇带领两个幼儿，谁见了不伤心呢？！最后就只剩奶奶和老奶奶两个老太太抚养我们了。

母亲最后的日子是怎么度过的，我记不清了。当时我已经上学，只知道全家就靠祖母支撑，还有曾祖母，人已经衰老不堪。还记得有一次，母亲坚持着要给祖母梳头，祖母泪流满面，痛哭不已，不忍让这个病危的儿媳还给自己梳头了！我只是默默难受，也不会去安慰！母亲去世时不过34岁，邻居们都说老天爷太残忍了，为什么灾难都降到这一家呢？孤儿寡母的怎么活下去？全家只有两个老太婆支撑日子太难了！

我永远也忘不了这灾难深重、孤苦伶仃贫穷佃户家的苦难历史啊！

今天，已经是"天翻地覆慨而慷"的时代了。家家安康，人人幸福，正是在这样的好日子里，才更加怀念故去的亲人！敬爱的母亲，您也该安息了！您和父亲、奶奶、老奶奶都毫无牵挂的安息吧。

王尽美外婆家纪事
——五莲县辉沟子村
陈祥勇

辉沟子村，属于五莲县高泽街道，南与潘村相通，东与杨家沟村相连，北与诸城市枳沟镇徐家沟村山川相依，东北则与东云门村相望。村西有齐长城遗址，遗址西为山东省第六大水库——墙夼水库。1960年修建墙夼水库的时候，该村积极响应国家号召，不光出民工二百余人参与墙夼水库的建设，还无偿提供村西肥沃的几十亩口粮地用于库容区。同样，墙夼水库的水淹地，绝大多数是位于五莲县境内，如潘村、东云门、西云门、前后张仙、大小仲固等几十个村庄，都为墙夼水库的建设出工、出力、出土地，作出了不可磨灭的贡献。国家也对当年的库区移民做了连续二十年每年每人六百元的补助。

近代，辉沟子村涌现出一大批优秀的中华儿女，如新中国成立前老党员臧丰臻、秦四光、陈淑业等。中共一大代表王尽美同志的母亲刘氏也出生在这个小山村。刘氏出生于1879年，在家中排行老大，下面有一个妹妹、三个弟弟，刘氏从年轻时就显示出与常人不一般的气质，她吃苦耐劳、心灵手巧，是邻居们眼中的巧嫚，不到十八岁时，经人介绍嫁给大北杏村王兴业的儿子王在升，孕育了中国共产党的一大、二大代表王尽美。王尽美小的时候，经常跟着母亲去辉沟子玩耍，辉沟子村地处丘陵地带，盛产的五莲小米色泽金黄，软绵香甜，王尽美每次去都会喝上一大碗。后期，刘氏最小的弟弟刘贤德也经常去大北杏村找王乃征兄弟俩，带的随手礼也是五莲小米。据刘氏在辉沟子的孙侄女刘加叶讲，王乃征在革命时期，依托刘氏的亲戚关系在辉沟子村一带开展抗日活动，刘贤德曾经出生入死为其送过情报。在那段困苦而又艰难的日子里，辉沟子的亲戚在农忙季节拉着牛、扛着锄去大北杏村帮忙的影子一直停留在王乃征老人的记忆里。往事如斯，相关人员都已过世未留只言片语，代远年湮了。我在祖籍上学时，学校经常组织去大北杏村给王尽美烈士扫墓，这也是对王尽美精神的尊敬和传承吧。

刘氏嫁到王家时，王尽美的爷爷王兴业已经去世，家里只有他父亲王在升与奶奶相依为命；王尽美出生前四个月，王在升因故去世，面对年迈的婆婆和即将出生的孩子，刘氏又独自撑起这个贫寒的家庭；王尽美因革命活动东奔西走积劳成疾在青岛去世后，又是刘氏亲自陪伴儿子的灵柩一路走回大北杏村，擦干眼泪，带着婆婆、儿媳，尽心尽力照顾着年幼的王乃征、王乃恩，无比坚定地支持两个孙子加入"你父亲的那个党"！王尽美同志唯一的一张照片，更是刘氏冒着生命危险在那个恐怖的年代用油包纸糊在土墙里保存下来的。刘氏的一生，可以这么说：是伟大的一生！

辉沟子村三面环岭，东岭核桃，北岭黄桃，西岭板栗，瓜果遍地；村前有一条小河发源于东北沟水库，绕村流入西南沟水库与墙夼水库合为一体。村民传斌在小河流经处修整几处鱼塘，偶有乡亲去拿条鱼吃，纯朴的传斌也会笑呵呵地送上。村容村貌在现任党支部书记陈为俊的带领下有了翻天覆地的变化，入村口新建村民文化广场、休闲中心、小憩驿站等，大街小巷全部硬化，自来水通到了锅台上，极大地增强了村民的幸福感、获得感。我想，这一切都是来源于老一辈革命者抛头颅洒热血，来源于继承者的不忘初心继往开来！

文字没有声响，但显然在诉说着一种历史回忆。想起消失在全村人记忆当中的洋教堂，突然意识到，及时地、真实地记录和保存历史，便是一种厚重的责任感。一个家族和一个国家文明，有了文字的记录，才能够得以延续。位于莒北大地上的尽美故里，是一块经济腾飞的热土，也是一片文化灿烂的地方。这个叫作辉沟子的中国普通乡村，正日益成为蓬勃发展的新生活的一个缩影。

【作者简介】陈祥勇，五莲县高泽街道辉沟子村人，系王尽美母亲的曾侄孙女女婿，现定居青岛，工程师，青岛安装建设股份有限公司办公室主任，青岛市五莲交流发展促进会、青岛中非商会副秘书长。

王尽美的表姐郑明淑

郑泽强

王尽美的表姐是我的太姑母，她父亲郑瑞祥，就是我的高祖父。王蔚明在《回忆王尽美与邓恩铭》一文中提到郑瑞祥：郑家菜园的主人郑瑞祥是当地一位反清复明的隐士。据说，这位老人的先辈曾与顾亭林、丁野鹤、杨永新、张石民等反清复明的志士交往。所以直至当时，郑瑞祥仍然留全发，束发穿过帽子上方的圆孔，用簪子绾起来，活像当时的道士。我看见这个装束，很觉奇怪，回家时询问家里的老人，才知道这些事。而这位着奇装的老人正是王尽美的姑父。

我高祖父郑瑞祥是个饱读诗书的文人，他以菜园为活动场所办了一个菜香书屋，交朋聚友，舞文弄墨。当年王尽美从村里的私塾失学在家，没人教他念书识字，他就把各家各户的对联当成了教材，这得益于我高祖父的启发。

那时，我高祖父全家以种菜卖菜为生，菜园就在枳沟东西街上的东阁子以东的路北。临街有三间茅屋，从中间有过道那间进去，就是几亩地的菜园。菜园北面就是我们郑家住宅。王尽美在枳沟上高小时，曾经在这里寄宿过。

王尽美在枳沟读了三年高小，那时学校实行的是走读，他早出晚归，中午带饭在学校吃。无论刮风下雨，还是寒冬酷暑，每天都要来回走近三十里地，上学十分艰苦。他姑父与他姑多次让他住到他们家，王尽美很懂事，知道上学不是三天两天的事，担心时间长了会给姑父家带来负担，所以就拒绝了。寒冷的冬天里，我太姑母看着他在路上把手脚都冻出了冻疮，很是心疼，就想出让他教自己识字的办法，才让他住在了她们家。

我太姑母兄妹四个，下面有两个妹妹，一个嫁到了小英村，一个嫁到

郑家全家福

前排：高祖父郑瑞祥（左三）、高祖母王氏（左六）、曾祖母赵氏（左八）；后排：曾祖父郑明训（左三）

了王村。上面有个哥哥，叫郑明训，郑明训就是我的曾祖父，字景伊，生于1893年2月6日，他有三个儿子，分别是郑炜昭、郑砚昭、郑焕昭，郑焕昭就是我的爷爷。

我曾祖父对王尽美也是爱护有加，王尽美走姑家时，都领着他玩耍。1912年，王尽美在庆祝诸城独立大会上，为了表达与清朝一刀两断的决心，把自己的辫子剪掉了。不久，清军卷土重来，不仅镇压了诸城的革命军，还对剪掉辫子的格杀勿论。郑明训为了保护王尽美，冒着生命危险与他一起躲藏到南山里去。他年轻时在莒县中学当过教员、图书管理员，新

中国成立后在枳沟供销社干会计。我听我大爷郑培德说，郑明训像我高祖父一样也是枳沟有名的文化人，还仗义疏财，在枳沟一带威信很高。

要不是2018年11月份，李晓、李霞两位老师让我陪他们去杨家洼采访，我恐怕到现在还不知道我太姑母的名字叫郑明淑，也不会知道她更多的身世。在王尽美读高小期间，我太姑母郑明淑在王尽美辅导下，不仅学到了一些文化知识，还让她对文化格外看重，不仅起了个有文化的名字，还嫁给了一个文化人。她丈夫叫臧宝祯，出身举人世家，在许孟教学。在他们结婚三年后，臧宝祯就去世了，生前也没留下一男半女。郑明淑在丈夫去世后，先是跟着她丈夫的四哥臧为望一家生活，后来搬到村后，由嫁到本村的外甥女张崇秀照顾。张崇秀是她嫁到小英村的二妹的女儿。

郑明淑终生信佛，每天都要对着菩萨（瓷像），敲着小鼓诵经。即便是正月初一大过年，也从不间断。据臧家玉（臧为望之子）对象回忆说，她们去给她拜年时，都要等她诵完经再拜。她很爱干净，她的东西，尤其是王尽美给她的那些东西，从不允许别人动。

王尽美与妻子先后病逝后，郑明淑就帮着她舅妈刘氏含辛茹苦地照顾起了这个家，她把王乃征、王乃恩视为己出，像母亲一样悉心关爱着他们。

新中国成立后，王乃征、王乃思兄弟经常回到家乡看望父老乡亲，也自然忘不了看望我太姑母。在郑明淑的老房子里，我们还看到王乃征、王乃恩买给郑明淑的食品包装盒，还有与她及亲戚们的合照。这些物品与照片就是一种情感的凝聚与留存。

我太姑母郑明淑这个普通的乡村女子，不仅因为王尽美而被世人所提及，还因她慈善博爱的情怀被世人感怀。同时，她与王尽美姐弟般真挚的情感，也潜移默化影响了他们的后人，并且传承下来。

【作者简介】郑泽强，男，现任诸城市瓦店卫生院副院长，王尽美他姑的后代。

与王尽美家二三事及
曾祖以后家族成员介绍

王贤修　王龙修

云门王氏从明朝初迁居云门，世代繁衍分支较多，其中前学分支是比较大的分支，我家就在这个分支，曾祖王维珠系高祖王信（字廷章）第二子。原配牛家官庄徐氏，逝于难产，年仅十八岁，葬东云门村后公墓。再续娶庙后李灵甫之女，即王尽美妻姐。

曾祖父母生育二子殿启、殿尊，二女殿淑、殿云。

大姑奶奶王殿淑，天资聪慧，幼年受其小姨夫王尽美影响，思想进步，居然自学识字不少，及长至十八九岁谈婚论嫁之时，一心向往自由，不想沦为家庭妇女。后来经姨家表兄弟王乃征介绍参加革命，去过济南。后来患病归家，郁郁而终，年仅28岁，先葬云门南崖西南坡祖茔，后迁葬东云门村后公墓。

我祖母马氏于1938年嫁来，所以对这一位姑奶奶很熟悉，人漂亮还识文断字的，一心闹革命就是不想找婆家，最后也没寻上婆家就走了。

我祖父王殿启，1923年生，行四。娶高泽秦家庄马世贞之女。1958年，云门附近要蓄水修建墙夼水库，生活艰难，我祖父去沈阳投奔王乃征大表爷爷，可能是忙于工作未及时接见，我爷爷以为不认亲，沿路要饭回家。其实后来才知道，拟安排到沈阳钢铁厂打更，得知我爷爷返家后曾经拨付生活费用一笔，被警卫员私吞。

因为我小姑奶奶婆家和王乃征岳家臧氏同宗同村，乃征问我姑奶奶生活费一事，我姑奶奶回复要饭回家的，臧家人又给沈阳去信说明事情，警卫员随被处理。转眼到1960年，生活困苦，我祖父携家小迁民吉林安家落户。

祖父祖母结婚较早，前边生育儿子女夭折，幸存的三子一女现在全部退休，安享晚年。

长子王汝丛，1948年11月生，现退休，娶小河北村吕洪策三女福红，育有三子两女。次子王汝赛，1950年5月生，现退休，娶后张仙村王福田三女为妻，育一子两女。三子王汝生，1955年2月生，大学本科学历，原为初中数学教师，娶小河北村吕洪波长女福娟。1988年正月携全家由吉林迁回原籍五莲县。先在罗圈乡党委任文书，后调往洪凝党委财政所工作，因患脑出血，于2016年7月去世，葬于云门南崖村东公墓。生育一子定居日照市；嗣女一人，婆家秦氏中至庙后村，即王尽美岳父家所在村。女儿王汝华，1957年8月生，现退休，嫁户部乡石少进第三子锡宝，生育一子一女。

叔祖王殿尊，1931年生，行五。娶大仲崮村王学德之女兆兰。

五爷爷为人忠厚，能言善辩，当了一辈子村干部。大约在七几年，去上海寻王乃恩表爷爷，拨专款资助东云门修建渡槽，扬水站。为云门的粮食增产起到很大作用。现今渡槽还在，扬水站拆除。同时赠送汽车一部，被汪湖公社留下。祖父晚年患脑梗塞，于1997年4月去世，享年66岁，葬于东云门村后公墓。

长子王汝苗，1951年6月生，乡镇供销社退休。娶柳树沟村韩西富长女秀英，生一子三女。目前汝苗夫妇仍居住在云门村内，安享晚年。

次子王汝贵，1960年生，当兵复员回乡。娶枳沟赵庄孙华三女德花，生一子，定居诸城市。

女儿王汝彩，嫁济南齐河县张善庆长子张波，生一子。

小姑奶奶王殿云，嫁枳沟后水清村臧树梅之子炳奎，生育二子金明、金巍，长女金芳嫁于家庄子于姓，次女金芬嫁东安村王姓。育有孙辈五人，臧氏姑奶奶晚年低血压，在村中安享晚年。因相貌与王尽美家老姨奶奶最为相像，早几年曾有公职人员专门到村中拍摄照片发给大北杏村表亲。

1990年前后，我家从吉林迁回五莲。在枳沟招待所，有幸见到王乃征、王乃恩家四位老人，大奶奶臧氏还是裹足小脚，二奶奶只记得个头不矮。他们都很和蔼。不知道哪位老人给我二十美金，我当时因为这张美金在同学之间炫耀多次。

曾祖父王维珠于1970年去世，与原配徐氏合葬东云门村后公墓内，曾祖母李氏也去世多年，安葬在云门南崖西南坡祖茔。二老没给儿孙留下多少家产，但是忠厚传世，一心向党的家风一直引导我们进步。二老留下曾孙辈二十四人，玄孙辈已有二十五人，我家不少人入党，这与王尽美祖辈进步思想的影响有着很大关系。

庙后村李家表爷爷李富盛、李富友等，人口也不少，古家沟老姨奶奶家的表爷爷古立营、古立华，年代较远，走动不多了。欣逢盛世，国家强盛，受邀拙笔，不胜感激。

【作者简介】

王贤修，男，1979年12月生，2001年毕业于山东师范大学教育技术学专业，现就职于山东理工大学人力资源处。

王龙修，男，1983年生，大学学历，工程师，现供职于日照市某电子公司。